Amazon FBA Modelo de Negocio de Comercio Electrónico

Guia final de $10.000 por mes. Método Comprobado Paso a Paso para Generar Ingresos Pasivos Vendiendo Productos Privados en Amazon.

Por

Ronald Roberts

Tabla de Contenidos

Introducción

¿Qué significa Amazon FBA?

Amazon es uno de los minoristas online más grandes del mundo, presente en 13 países diferentes como Australia, Brasil, Canadá, China, Francia, Alemania, India, Italia, Japón, México, España, Reino Unido y Estados Unidos. Es uno de los mercados más diversificados que vende casi de todo en sus plataformas.

Sin embargo, Amazon no es solo un vasto sitio web de comercio electrónico. Si bien también tiene participación en la televisión, la mayoría de sus negocios se concentra en el segmento de compras online. La compañía incluso tiene suscriptores premium, los miembros Prime, que obtienen algunos beneficios interesantes, como envío gratuito, ofertas especiales y muchos más. En otras palabras, Amazon ya ha creado su base de datos masiva de clientes que no compran en otros sitios web debido a las ofertas que tienen en su sitio web.

Además, Amazon ofrece muchos productos a todos sus usuarios, y muchos de ellos se venden directamente o a través de revendedores externos.La plataforma comparte su éxito y clientes con personas interesadas en obtener ventas. Vender en Amazon puede ser muy rentable para estas pequeñas empresas, especialmente si saben cómo usar el poder de la marca y sus clientes para su beneficio. Aunque no todos los productos son aptos para ser vendidos en esta plataforma, cualquier mercancía interesante que pueda tener un comerciante puede venderse tan rápido como los hotcakes.

En estadísticas simples, aproximadamente el 50% de las ventas en este canal están siendo realizadas por revendedores externos. Hay más de 2,000,000 de revendedores en Amazon en todo el mundo, y más del 66% de ellos están utilizando un método llamado Fulfillment de Amazon (FBA por sus siglas en inglés). [1] El resto está utilizando el método Fulfillment-by-Merchant (FBM por sus siglas en inglés). Puede haber diferencias significativas entre estas dos cosas.

El FBM asigna toda la responsabilidad a los comerciantes, considerando que están a cargo de crear los listados de productos, manejar todas las consultas relacionadas con los clientes, así como empacar, recoger, etiquetar, hacer entregas y tratar los artículos devueltos. Esta es una opción asequible para los vendedores de Amazon, pero no ofrece muchas ventajas.

El FBA significa " garantizado por Amazon". Cubre varios aspectos de los procesos de venta y postventa. Además, la plataforma tiene muchos depósitos enormes en todo el mundo, y pueden ofrecer espacio logístico para el inventario de los comerciantes. Por lo tanto, no hay razón para no intentar beneficiarse de las mejores condiciones que Amazon puede ofrecer a tu negocio en crecimiento. Además de eso, la plataforma hará el trabajo por ti, incluida la recolección, el embalaje o el envío de productos a los consumidores. También cubre tu servicio al cliente (la parte de seguimiento y devolución, para ser específicos) y hace que tu mercancía sea visible para todos los usuarios, especialmente los miembros Prime, que generalmente son los que más gastan en Amazon. Por supuesto, este servicio no es gratuito porque hay una tarifa por el almacenamiento, así como todo el proceso de cumplimiento. Muchos revendedores presentes en el mercado usan el método FBA, pero realmente no es para todos. No solo se deben cumplir algunos requisitos, sino que también se deben hacer cálculos serios para establecer si esta es la opción correcta.

Venta de productos en Amazon vs. tu propio sitio web de comercio electrónico

Si eres un pequeño comerciante sin la notoriedad de los grandes jugadores, entonces debes pensar en estrategias para aumentar tus ventas. Puede que tener una tienda online fácil de usar y de ejecutar todas sus transacciones a través del mismo sitio web no sea la mejor decisión a tomar para aumentar tus ganancias. A pesar de eso, administrar tu negocio a través de tu propio sitio de comercio electrónico implica que tienes el control total sobre lo siguiente:

- Listados y productos promocionados
- Diseños de página y contenido
- Ventas, embalaje, picking, entrega, devoluciones, reembolsos y servicio al cliente.

Sin embargo, todo lo anterior puede no ser suficiente para obtener el éxito; es por eso que también debes conocer las desventajas de administrar una tienda online, como:

- Es posible que el sitio web no esté optimizado correctamente y no puedas obtener suficiente tráfico.
- Tener una base de clientes mínima ya que muchos de los clientes potenciales pueden no estar al tanto de tu tienda.
- Es difícil obtener clasificaciones, calificaciones y comentarios más significativos, ya que puede ser difícil para las personas confiar en tu marca o productos.
- Cuando manejas los costos de entrega y almacenamiento, tus gastos pueden ser muy altos.

Si estás luchando por aumentar tus ventas, Amazon puede ayudarte. Después de todo, ya es un mercado exitoso. Vender en esta plataforma puede ser rentable para ti. Algunas de las ventajas de ser un comerciante de Amazon incluyen:

- Exposición a más de 400 millones de usuarios en todo el mundo [2]
- Obtener ventas más fácilmente;
- Plataforma fácil de usar;
- Amazon se encarga del envío, recogida, el embalaje y las devoluciones; y
- Asociar tu tienda con, probablemente, el nombre más grande en la industria del comercio electrónico.

Cuando se trata de desventajas, Amazon puede tener algunas que también se deben considerar:

- Mayores costos por servicios de cumplimiento y almacenamiento.
- Falta de control y dificultad para rastrear el inventario
- Posible devoluciones.
- Impuestos difíciles de manejar

¿Qué puede hacer Amazon por los nuevos vendedores?

Es esencial comprender el valor de los servicios ofrecidos por el método FBA. En este caso, Amazon ofrece:

1) Recibir tu inventario en sus Centros de Cumplimiento

Solo en los EE. UU., hay más de 100 enormes almacenes de Amazon, y algunos de ellos cubren más de 1,000,000 de pies cuadrados (Wallace et al., 2019). Hay mucho espacio para tu mercancía en estos lugares. Simplemente tienes que mencionar qué tipo de productos estás enviando, y Amazon te notificará a dónde enviarlos.

2) Clasificar y almacenar tus productos

Al recibir tus productos, Amazon los organiza y los ubica en varias áreas dentro del centro de distribución. Por lo tanto, tu mercancía puede almacenarse de forma segura dentro de un almacén de Amazon. En el caso improbable de que los productos se dañen mientras se almacenan, la compañía te reembolsará el dinero.

1. Un cliente compra tu producto en el sitio web. Amazon es responsable de procesar el pago y actualizar tu inventario.
2. Todo lo relacionado con la entrega del producto está a cargo de los trabajadores de Amazon (o sus robots), por ejemplo, recoger, empacar y entregar productos a los clientes.
3. Puedes externalizar el servicio de atención al cliente a Amazon, que puede ofrecer un trabajo excepcional en este campo. Pueden manejar fácilmente consultas relacionadas con el seguimiento y las devoluciones. En cuanto a consultas más detalladas sobre información o listado de productos, pueden informarte sobre ellos para que puedas responder al cliente directamente después de un tiempo.
4. Te pagan por tus ventas cada dos semanas. Amazon procesa los pagos a su cuenta y transfiere tus ganancias después de deducir los costos de cumplimiento y almacenamiento.

A pesar de las cosas que esta empresa puede hacer por ti como revendedor, ¿qué tendrás que hacer exactamente si eliges vender en Amazon?

Bueno, antes que nada, necesitas encontrar los productos correctos para poner a la venta. Controla tu inventario y usa estrategias de marketing para publicitar tus productos. Cuando se trata de seleccionar los productos que se venderán, tendrás que hacerte varias de las siguientes preguntas:

- ¿Qué tan rápido se puede vender tu producto? También hay tarifas de almacenamiento a considerar. Por lo tanto, si tu mercancía no se vende lo suficientemente rápido, se te cobrará un costo de almacenamiento más alto.
- Además, tendrás que pensar en el margen de beneficio ya que esto te permitirá pagar todas las tarifas involucradas y puede ayudarte a ganar algo de efectivo.
- Verificar tu inventario en Amazon también es algo que tendrás que hacer en esta plataforma. Tu inventario es algo que debe verificarse continuamente.
- Una cosa crucial que deberás hacer es utilizar las técnicas de marketing adecuadas para aumentar las ventas de tus productos y hacerlos más visibles para más clientes en esta plataforma. Después de todo, cuando hay más de 350,000,000 de productos en Amazon, este trabajo es esencial para que tus productos se destaquen del resto (Wallace et al, 2019).

Hay algunos consejos y trucos esenciales relacionados con el FBA incluidos, que se discutirán en todo el libro y aobretodo en el último capítulo.

Beneficios de usar la garantía de Amazon

La opción del FBA es considerada por muchos especialistas como una de las mejores formas para que un pequeño comerciante aumente sus ventas. Es difícil pensar en un minorista que tenga más clientes leales que Amazon, teniendo en cuenta que más de 400 millones de compradores compran principalmente en Amazon (Smith, 2019). Por lo tanto, cualquier vendedor necesita comprender con precisión los beneficios de suscribirse a este programa.

Servicios sencillos de envío y logística

Si estás realizando el proceso de la garantía por ti mismo, esto puede llevar mucho tiempo, especialmente si tienes muchos pedidos. Imagínate haciendo el empaque y envío para todos los clientes y gastando horas en estos procesos cuando tu enfoque debe estar en la comercialización del producto. Al utilizar el método Fulfillment-by-Amazon, puedes externalizar estos procesos y aprovechar al máximo la plataforma en este campo.

Tarifas de envío más bajas

Amazon puede negociar contratos pendientes con couriers de todo el mundo para que puedas enviar productos a un precio reducido. El costo de envío no se refleja en el precio total de la mercancía en muchos casos, principalmente si tu producto es comprado por un miembro Prime (que puede beneficiarse de la entrega gratuita).

Manejo de devoluciones

Sería beneficioso si no tuvieras que preocuparte por ningún procedimiento administrativo, especialmente cuando se trata de devoluciones. Amazon puede ocuparse de este aspecto por ti, así como gestionar consultas, logística inversa y etiquetas de envío de devolución. Cobran una tarifa adicional por este servicio, pero vale la pena.

Servicio al cliente galardonado

Si las ventas están obteniendo nuevos clientes, el servicio de soporte es lo que los mantiene atados a tu producto o marca. Amazon puede manejar esta actividad las 24 horas del día, los 7 días de la semana, fácilmente por teléfono, chat o correo electrónico.

Espacio de almacenamiento más allá de tu imaginación

Usar el FBA te quita una carga de encima cuando se trata de espacio de almacenamiento. Gracias a ello, tendrás espacio más que suficiente para tu inventario. Si tus productos se venden rápidamente, entonces puedes ser elegible para obtener un almacenamiento ilimitado.

Entrega rápida

Con centros de distribución en todo el mundo, no sorprende que los productos se entreguen en 48 horas como máximo. Cuando un cliente realiza el pedido, la mercancía generalmente se envía desde el centro de despacho más cercano.

Gestión del proceso de cumplimiento para otros canales

Quizás desees realizar ventas en varias plataformas y te preguntes cómo enviar productos a los clientes que las utilizan. Bueno, Amazon tiene un servicio de cumplimiento multicanal (MCF) que te permite utilizar sus centros de cumplimiento a pesar de que no están distribuyendo productos a un cliente de Amazon. Este servicio se puede activar fácilmente; también puedes encontrar información sobre actualizaciones de pedidos o información de seguimiento a través de ella. Además, puedes enviar los datos a los consumidores desde un sitio web diferente.

Desventajas de usar la garantía de cumplimiento de Amazon

Nada es perfecto. Incluso el servicio Fulfillment-by-Amazon puede ser muy complicado. Aquí hay algunas desventajas que deberás tener en cuenta:

1) Este método cuesta dinero

En este caso, deberás esperar tanto las tarifas de cumplimiento como las de almacenamiento. Si los últimos costos son evidentes, debes tener en cuenta la rapidez con la que se pueden vender tus productos, teniendo en cuenta que también estás pagando por el espacio de almacenamiento durante un período determinado. Si comprendes este aspecto en particular, puedes estimar de cuánto serán tus ganancias.

2) Hablando de tarifas de almacenamiento, las de largo plazo pueden ser bastante caras.

Si tu inventario está en reposo durante un período muy largo (seis meses, por ejemplo), puedes terminar pagando tarifas de almacenamiento increíblemente altas. Por lo tanto, deberás asegurarte de que tu inventario se venda lo más rápido posible.

3) Cuidado con más devoluciones

Amazon está orientado a la satisfacción del cliente; es por eso que facilita el buen retorno de los productos. Al vender en esta plataforma, deberás cumplir con estas reglas. Es posible que estés experimentando compras impulsivas o de prueba de los clientes, lo que puede conducir a una mayor tasa de devolución.

4) Preparar un producto no es fácil

Al vender en Amazon, cada vendedor tiene que adherirse y suscribirse a un estricto conjunto de regulaciones relacionadas con el embalaje y etiquetado de un producto. Para ser específicos, deben ingresarse en la base de datos, marcarse correctamente y enviarse al centro de cumplimiento correcto. Sin embargo, esto puede llevar algún tiempo hasta que te acostumbres a todos los procedimientos para este proceso.

5) Verificar el inventario puede no ser lo más fácil de realizar

Mantener un ojo en el stock disponible es un poco difícil porque no puedes ver la lista restante con precisión. Por lo tanto, puedes echar un vistazo a los artículos que no se venden o los que se han agotado. Si operas en múltiples canales, esta tarea es aún más desafiante.

6) Los impuestos son bastante importantes

En los EE. UU., donde los impuestos son diferentes de un estado a otro, es molesto calcular los impuestos que debes aplicar a las ventas. Puedes tener tu negocio en un estado, pero el almacén de Amazon puede estar en un estado diferente, y también puede barajar el inventario entre almacenes. Por lo tanto, es probable que te preguntes si debes recaudar el impuesto sobre la venta en el país donde tienes tu negocio o en todos los estados donde opera Amazon. En este caso, deberás obtener los servicios de asesores fiscales, que pueden ayudarte rápidamente a resolver este dilema.

7) Tus productos se pueden mezclar con otros.

De forma predeterminada, la cuenta central del vendedor de Amazon está configurada para tener productos combinados. Es decir, tus productos se pueden mezclar con otros, lo que puede conducir a situaciones en las que un cliente compra tu producto pero obtiene algo de un comerciante diferente, que puede tener una calidad inferior. Hubo casos en que algunos comerciantes enviaron productos falsificados o incluso dañados. Por supuesto, no deseas que tus productos se mezclen con dichos productos. Esto puede generar quejas y reseñas negativas, lo que eventualmente hará que Amazon te bloquee permanentemente. La solución, por lo tanto, es etiquetar tus productos correctamente.

Costos y tarifas más importantes al usar FBA

Existen cinco tipos de tarifas relacionadas con el cumplimiento de la garantía por parte de Amazon.

Suscripción

La suscripción es una tarifa que se paga mensualmente según el tipo de cuenta. Cuando planeas vender en Amazon, puedes hacerlo utilizando una cuenta profesional o individual. Según las ventas que esperas obtener por mes, puedes elegir uno de estos dos tipos de cuentas. Es bueno optar por la última si asumes que tendrás menos de 40 ventas mensuales. De esta manera, no tendrás que pagar nada por la suscripción. Por otro lado, si estás estimando ventas masivas, entonces debes optar por la cuenta profesional. La suscripción te costará $39.99.

Tarifa por artículo

La tarifa por artículo solo se aplica a los titulares de cuentas individuales. Representa $0.99 por cada artículo vendido. La tarifa de suscripción para una cuenta profesional exime a este tipo de cuenta de cualquier cargo por artículo.

Tarifa de referencia

La tarifa de referencia puede estar entre 6% y 20% (en la mayoría de los casos); la única excepción es para dispositivos Amazon, que es del 45% (Wallace et al, 2019). Este tipo de pago está fuertemente relacionado con la categoría del producto, y el porcentaje común es del 15%. En dólares, la tasa mínima de referencia sería cero o $1; solo los relojes y las joyas tienen una tarifa mínima de referencia de $ 2.

Tarifas de cierre

Las tarifas de cierre son variables y aplicables solo para software, videojuegos, consolas, música, videos, DVD y libros. Estos estipendios generalmente varían entre $0,45 y $1,35, según la categoría, el tipo de envío utilizado y, por supuesto, el destino del envío.

Cuotas de cumplimiento

Las dimensiones y el peso del producto determinan las tarifas de cumplimiento. Estos costos oscilan entre $2,41 y $10, aunque algunos precios subieron desde el año pasado.

En general, tus costos deben estructurarse en cuatro grupos diferentes:

a) Costos directos , que incluye la compra del producto y el envío del fabricante o proveedor.
b) Los costos indirectos que incluyen una amplia variedad de gastos como contabilidad, viajes de negocios, seguros, impuestos, muestras, sitio web, etc.
c) Tarifas de Amazon, que proporciona cumplimiento, almacenamiento, devoluciones, referencias, tarifas de cierre, tarifas de ventas.
d) Costos de lidiar con las devoluciones.

Solo considerando todos estos costos puedes estimar tus ganancias correctamente; por lo tanto, debes hacer bien tus cálculos. El cumplimiento de la garantia de Amazon no es un servicio barato. Como puede ver arriba, viene vinculado a otros costos diferentes. Sin embargo, hay muchos comerciantes que utilizan este servicio con éxito, y simplemente tienen pagos impresionantes. Si juegas bien tus cartas, puedes estar entre los vendedores exitosos de Amazon y hacer que tus productos sean apreciados por muchos compradores online.

Capítulo 1: Creación de tu propia cuenta central de vendedor de Amazon

Lista de verificación de la cuenta central del vendedor de Amazon

Hay algunos detalles que deberás proporcionar al crear una cuenta central de vendedor de Amazon.

Información del negocio

Este campo está relacionado con la información de contacto, el nombre comercial y la dirección.

Dirección de correo electrónico

Debes proporcionar una dirección de correo electrónico adecuada para dicha cuenta. Debería estar configurado porque Amazon se comunicará contigo de inmediato a través de un email.

Información de tarjeta de crédito

Proporcionar una tarjeta de débito o crédito válida es muy importante. Si ofreces detalles de una tarjeta no válida, Amazon simplemente cancelará tu registro. La tarjeta de débito/crédito también debe estar vinculada a una dirección de facturación válida .

Número de teléfono

Dado que Amazon también se comunicará contigo por teléfono durante el proceso de registro, deberás proporcionar un número de teléfono válido a el que pueda contactarte.

Tax ID

Este número en particular es significativo durante el proceso de registro, ya que deberás proporcionar detalles como el número de identificación fiscal federal de tu empresa (en los EE.UU.) O el número de Seguro Social. Durante este paso, se te pedirá que realices la "La compilación del documento fiscal fiscal 1099-K".

Identificación fiscal estatal

Deberás mencionar en qué estado o estados realizas tu actividad para obtener la identificación fiscal estatal correcta.

Para los últimos dos pasos del proceso de registro, es muy recomendable consultar a un asesor fiscal o diferentes sitios web como taxjar.com, avalara.com y taxify.com.

Preguntas importantes que debes hacerte antes de crear una cuenta central de vendedor de Amazon

No debes configurar la cuenta de vendedor de Amazon sin hacerte algunas preguntas como éstas:

1) ¿Dónde enviarás las devoluciones de los pedidos de Amazon?

Como se mencionó anteriormente, Amazon es una empresa orientada a la satisfacción del cliente, y están haciendo todo lo posible para mejorar la experiencia del consumidor en esta plataforma. Esto también incluye el manejo de devoluciones, considerando que los clientes pueden devolver rápidamente un producto si ya no lo quieren debido a diferentes razones. Como empresa que vendes en esta plataforma, deberás cumplir con esta política; es por eso que el proceso de devolución es algo que deberás considerar. En otras palabras, deberás cuidar de este aspecto tu mismo o subcontratarlo a una agencia como tradeport.com o opensboxreturns.com. que se especializan en calificar y probar las devoluciones, así como también en poner el producto a la venta nuevamente.

Además, debes pensar en una persona de tu empresa que pueda atender las consultas de los clientes. Ten en cuenta que no solo tienes que responder a todos, sino que también debes responder dentro de las 24 horas, independientemente del día del año (de acuerdo con la política de Amazon). Por lo tanto, todos estos roles esenciales deben ser resueltos antes de crear la Cuenta de vendedor de Amazon.

2) ¿La combinación es una opción si eliges utilizar Fulfillment by Amazon (FBA)?

La opción FBA proporciona al vendedor acceso a una comunidad de clientes (miembros Prime), que gastan más dinero en compras en Amazon. Este grupo tiene más de 100,000,000 miembros en todo el mundo [3]. Sin embargo, tu no eres el único comerciante que tiene acceso a este exclusivo club de compradores, dado el hecho de que hay otros 2,000,000 de vendedores en total en esta plataforma, y la mayoría de ellos tienen acceso a los miembros Prime (Wallace et al, 2019) .

Dado que debes asegurarte de que tus productos lleguen a estos clientes, puedes arriesgarte a mezclarlos con los productos de otros comerciantes, que pueden vender las versiones falsificadas de tus artículos. El inventario se envía a los centros de despacho de pedidos, donde pueden mezclarse con el inventario de otros vendedores. Un cliente también puede recibir un producto que no proviene de ti, puede ser de menor calidad o incluso falsificado. Por lo tanto, debes proporcionar explicaciones serias al cliente. Si presentan una queja, es posible que también se te prohíba vender en Amazon, todo debido a un producto que ni siquiera era tuyo en primer lugar. Ahora depende de ti evitar que tal cosa suceda. Al crear la cuenta de vendedor, no tienes una etiqueta de forma predeterminada, por lo que tus productos pueden combinarse con otros productos de diferentes inventarios.

Afortunadamente, Amazon puede ofrecerte la opción de obtener una cuenta "bloqueada", pero asegúrate de cambiar el tipo de cuenta antes de enviar el primer envío a los centros de despacho de pedidos. Al menos, esta es la forma recomendada. También puedes optar por la selección "bloqueada" más adelante, pero podrías exponerte a riesgos si ya has enviado un inventario sin etiquetar a Amazon.

3) ¿Pretendes utilizar un nombre de Doing Business As (DBA) para tu cuenta de vendedor de Amazon?

Esta plataforma puede permitirte ocultar tu identidad comercial a los clientes utilizando un nombre diferente en Amazon. Esta es una opción a tener en cuenta si no deseas que las marcas sepan que estás vendiendo sus productos online, así como cuando el revendedor es la marca en sí, y no quieren que sus socios sepan que hacen marketing directo en esta plataforma.

4) ¿Tus productos están en una categoría permitida por Amazon?

Este es un aspecto crucial ya que el programa FBA no permite que todos los revendedores vendan a través de algunas categorías. Por ejemplo, bebidas alcohólicas, neumáticos de vehículos, tarjetas de regalo, certificados de regalo y algunos otros productos como folletos, linternas o etiquetas de precios. Si no trabajas con estas cosas, entonces tienes suerte porque puedes vender una amplia variedad de productos sin problemas. Por supuesto, es muy recomendable que tengan un mayor margen de beneficio, pero también deben venderse rápidamente.

Otro hecho que requiere tu atención es tu catálogo de vendedores en Amazon. Es muy recomendable tener todos los productos agregados a tu lista dentro de los primeros 30 días desde la apertura de tu cuenta. De esta manera, puedes averiguar fácilmente si tendrás problemas con algunas unidades de inventario (SKU) y marcas específicas. En caso de que sea inevitable, es posible que debas cambiar tu catálogo o cerrar la cuenta, principalmente si Amazon está imponiendo restricciones a los productos que planeas vender.

Habilidades imprescindibles para los vendedores de Amazon

El marketplace de Amazon es comparable a una jungla salvaje donde solo los más fuertes pueden sobrevivir. Como nuevo vendedor, debes considerar que hay otros 2 millones de comerciantes como tu en este sitio web, por lo que tienes una fuerte competencia independientemente de los productos que estás vendiendo. Para superar a todos, debes poseer algunas habilidades y conocimientos para aumentar tus ventas y estar siempre al frente del juego.

1) Tener un excelente contenido de marketing para crear las mejores listas de productos

Hay muchas posibilidades de que otros ya vendan el producto que estás vendiendo en esta plataforma. Sin embargo, para asegurarte de que tus artículos sean los primeros, deberás trabajar en la optimización de los detalles relacionados con ellos. Concéntrate en el título y la descripción del producto, las viñetas y las palabras claves genéricas (para fines de la SEO). Además, debes agregar imágenes muy claras, incluida la foto de estilo del producto a la venta. La imagen principal debe tener un fondo blanco y una resolución de al menos 500 x 500 píxeles, pero no es necesario colocar su marca en ella.

2) Saber qué tan bien se está vendiendo tu producto y cómo evitar quedarse sin inventario

Si tienes un producto que es favorito en Amazon, debes tener en cuenta que eventualmente te quedará sin inventario. Para evitar este escenario, necesitas saber cómo reponer tu inventario. Dependiendo de los productos que vendes habitualmente, puedes volver a abastecerte. Si estás vendiendo liquidaciones o compras de una única vez, es posible que tengas dificultades para reponer el inventario, ya que los productos pueden ser difíciles de encontrar nuevamente.

3) Elegir si quieres vender el mismo producto o diversificarte

Si vas a comercializar un solo producto en Amazon, puedes beneficiarte de algunas herramientas interesantes como las herramientas de alerta y pronóstico de Amazon. Alternativamente, puedes intentar obtener ayuda de los gustos de www.forecastly.com.

4) Saber encontrar y manejar el inventario antiguo

La verdad es que algunos de los productos pueden no ser muy populares y terminar almacenados durante un período prolongado en los centros de distribución. Dichos productos deben venderse en diferentes canales de venta para limpiar el inventario en los almacenes, ya que es posible que debas pagar tarifas de almacenamiento extremadamente altas por ellos. La buena noticia es que el modelo FBA puede ayudarte fácilmente a identificar el inventario anterior, mientras que los programas que no son FBA obligan al vendedor a buscar en sus unidades de inventario para encontrar el stock obsoleto manualmente.

5) Comprensión profunda de cada costo

La mayoría de los vendedores en esta plataforma pueden comprender los gastos necesarios relacionados con la rentabilidad a nivel de unidades de inventario, lo que conduce a un resultado general, en lugar de tener una idea clara sobre las unidades de inventario que proporcionan la mayor rentabilidad y los productos que cuestan vender en Amazon. Tener un detalle de los costos puede ayudar al vendedor a comprender y reunir los gastos generales y reconocer que esos costos deben integrarse en el monto total.

6) Descubriendo quién vende las mismas unidades de inventario en esta plataforma

Sin una investigación exhaustiva, puedes terminar enumerando tus productos en Amazon y descubriendo más adelante, que hay muchos otros comerciantes con los mismos productos. Competirán entre sí para proporcionar el mejor precio para el producto, lo que conduce a una baja rentabilidad o pérdidas. Por lo tanto, antes de crear la cuenta, es esencial averiguar si los productos que planeas vender ya se venden masivamente en esta plataforma, posiblemente incluso por Amazon Retail. Si es así, deberás enumerar diferentes productos a la venta. Además, vale la pena estudiar no solo tu competencia a fondo, sino también tu mercancía. Si compites contra vendedores con precios bajos, no puedes esperar tener grandes ganancias en este nicho. Entonces, te darás cuenta de que puede que no sea la mejor categoría para ayudarte a ganar dinero.

Además, Amazon solo cobra una tarifa después de los primeros 30 días de crear la cuenta; entonces, ¿por qué no deberías usar ese período para configurarlo correctamente? Puedes crear las ofertas de productos y comenzar a vender para activar tu inventario vendible, por ejemplo. Incluso si no envías ningún listado a Amazon ni vendes nada, aún se te puede cobrar después de 30 días porque la cuenta está activa. En este período, necesitas hacer crecer tu perspectiva comercial en esta plataforma. Un buen método para que esto suceda es pedir comentarios.

Una de las opciones es visitar sitios web como feedbackgenius.com, feedbackfive.com, salesbacker.com, etc. No son gratuitos, pero al menos no son caros, por lo que son una inversión que vale la pena tomar. Esta estrategia puede mostrarle a Amazon que el revendedor puede cumplir con el desempeño de la plataforma y las políticas orientadas al cliente .

Capítulo 2: Selección del producto adecuado para vender

¿Cómo puedes encontrar el producto adecuado para vender en Amazon?

Encontrar el producto adecuado para vender en Amazon puede no ser la tarea más sencilla, ya que considerar vender algo que te guste ya puede estar siendo vendido por otros. Después de todo, estás en este juego para obtener ganancias. Para lograr tus objetivos, es posible que debas hacer un esfuerzo adicional para descubrir los secretos ocultos de las ventas en esta plataforma global.

El producto ideal para ser vendido en Amazon debe tener una alta demanda asociada con una baja competencia y así garantizar que muchos comerciantes no lo vendan. Esto es de sentido común ya que tu objetivo es encontrar un nicho que cumpla con tal requisito. Tener tu etiqueta privada también puede ser una ventaja considerable en este caso, ya que puedes marcar tu lugar en el mercado. Luego, puedes perseguir a los clientes potenciales sin quye la competencia te moleste.

En este capítulo, puedes encontrar todos los detalles necesarios relacionados con los productos con los que puedes obtener enormes ganancias, así como tambien saber cómo realizar una investigación de mercado, cómo evaluar a tu competencia y qué categorías de "best-sellers" están en Amazon. Cuando se venden cientos de millones de productos en esta plataforma, elegir los productos correctos para anunciar puede ser una tarea difícil. Es por eso que debes saber exactamente lo que estás buscando en el catálogo de Amazon. Al respetar las pautas generales, también puedes encontrar los mejores productos para vender.

¿Cómo reconocer un buen producto?

¿Cuál es el producto ideal para vender en Amazon? ¿Como luce? ¿Cuáles son las principales características que debes tener en cuenta al elegir un producto? Estas son solo algunas preguntas que debes hacerte al comienzo de este proceso. Con respecto a la última pregunta, puedes encontrar información clave sobre cómo reconocer el mejor producto.

Precio minorista asequible, generalmente entre $25 y $50

Según estudios recientes, este rango de precios es lo suficientemente grande como para cubrir las tarifas en Amazon relacionadas con el almacenamiento, el cumplimiento y la publicidad. Esto es cuando tiene grandes ventas, y el volumen de ventas puede cubrir fácilmente todos estos gastos y garantizar una buena ganancia. Si el precio es superior a $50, muchos de los clientes ya no te considerarán atractivo, y la tasa de los productos es lo que la gente ve. Por lo tanto, las compras caerán significativamente.

Muy baja estacionalidad

Es decir, el resultado ideal no está influenciado por la fluctuación de las ventas en una temporada. Necesitas un producto que pueda generar ganancias durante todo el año, no solo durante una temporada específica.

Menos reseñas para los mejores vendedores

Por lo general, 200 es una buena cantidad en este caso. Sin embargo, menos de 100 sería aún mejor.

Margen de mejora

Puedes analizar los comentarios recibidos de los clientes y mejorar tu producto en función de ellos.

Fácil fabricación

Tal producto tiene que fabricarse fácilmente y fabricarse con materiales resistentes; por lo tanto, probablemente debas evitar el vidrio. También debes mantenerlo simple. Por lo tanto, la electrónica y los productos sofisticados son algunos ejemplos de las cosas que debes evitar.

Por supuesto, estas son solo pautas ya que tu producto ideal puede ser diferente de los otros comerciantes. Se trata de saber exactamente qué vender en el nicho que elijas para llevar a cabo tu actividad.

Encontrar productos rápidamente y fácilmente

En este momento, ya sabes qué buscar en la base de datos masiva de la plataforma Amazon. Sin embargo, necesitarás algunas herramientas adecuadas para ayudarte en esta desafiante misión. Necesitas encontrar información medible relacionada con los productos, como la demanda, el precio, la estacionalidad, las ventas, la calificación, las dimensiones, el precio y muchos más.

La aplicación web Jungle Scout puede ser útil para ayudarte a escanear los productos desde la plataforma utilizando la extensión de la base de datos de productos. Otra característica interesante es el Product Tracker (Rastreador de productos), que puede permitirte realizar un seguimiento del inventario, la actividad de ventas, las clasificaciones y los precios durante un tiempo.

Para tomar una decisión con respecto a los productos que se venden en Amazon, debes realizar un seguimiento durante algunas semanas antes de decidir después de ver el informe proporcionado por la función Product Tracker. Al hacerlo, puedes tener una idea clara sobre el rendimiento del producto. Si deseas encontrar un nicho adecuado con una gran demanda, una herramienta práctica puede ser la función Niche Hunter (Encontrar un Nicho) de la aplicación web Jungle Scout. Esta extensión analiza las palabras claves más frecuentes para descubrir productos demandados. También puede mostrar una lista con muchos productos que los compradores buscan. Además, la función proporciona un Nivel de oportunidad, que se basa en un algoritmo de búsqueda denominado Nivel de calidad del listado (LQS). Es responsable de identificar los productos con alta demanda y listado extremadamente bajo. Cuanto mayor sea el puntaje de oportunidad, mejor será el producto.

La aplicación web Jungle Scout también se puede usar con la extensión Google Chrome para probar una multitud de palabras clave. Este proceso también puede mostrar algunos resultados impresionantes desde los cuales puedes encontrar fácilmente los niveles de competencia para muchos productos. Con todas estas herramientas, puedes llegar a tener una lista de 20 productos que se ajustan a todos tus requisitos, pero estos productos deberán ser probados.

Investigación integral de mercado

Una vez que te hayas decidido sobre los productos que quisieras vender, la primera pregunta que debes hacerte es: "¿Cuántos artículos puedes vender durante un mes?" Los productos que deben ser filtrados por esta consulta deben respetar los siguientes requisitos.

1. **Distribución adecuada de las ventas**

Es decir, uno o dos comerciantes no dominan el nicho de mercado. En cambio, las ventas se distribuyen entre unos pocos vendedores.

2. **Demanda Satisfactoria**

Se considera una demanda satisfactoria cuando los vendedores más activos en este mercado pueden vender fácilmente al menos diez artículos por día.

Si puedes generar diez ventas por día o 300 por mes, esa es una cifra sobresaliente para comenzar en Amazon. La extensión Jungle Scout puede ayudarte con esta investigación, ya que puedes mostrar fácilmente un informe después de escribir algunas palabras claves relevantes. Además de los principales comerciantes, también te informará sobre su volumen de ventas, precios de productos, demanda de artículos y muchos más.

Pon a prueba a tu competencia

Después de haber seleccionado los productos que quisieras vender, la segunda pregunta es: "¿Para quien está vendiendo este artículo la competencia?" Nuevamente, la aplicación Jungle Scout puede ser útil ya que puede mostrarte información fascinante, como reseñas y calificaciones. Las reseñas son el aspecto más importante en el que debes pensar al analizar a tus competidores, ya que este número puede darte una idea clara sobre el tamaño de la competencia. Un alto número de reseñas indica un mercado muy competitivo; el tipo de categoría de la que debes mantenerte alejado.

Además, la herramienta también puede mostrarte una lista de productos bajo demanda que tienen un pequeño número de reseñas. Esta información es oro puro porque eso es lo que necesitas para entrar. Las excelentes oportunidades generalmente se refieren a productos altamente demandados con menos de 200 reseñas. Cuando hablamos de menos de 100 reseñas, estas son oportunidades únicas. Para hacer tu tarea correctamente al evaluar la competencia, es posible que debas leer sus comentarios para mejorar tus productos antes de venderlos también. Además, puedes usar la aplicación Jungle Scout para establecer qué artículos serán tus productos secundarios. Estos son los productos de los que aún puedes obtener algunos beneficios, pero es posible que debas realizar un seguimiento de los resultados durante al menos una semana o dos. Al hacerlo, ya estás un paso por delante de tus competidores.

Además, al estudiar tu competencia, es importante pensar en una característica importante: el ranking de "Amazon Best Seller" (Mejores Vendidos en Amazon). Para definir este término simplemente: se refiere al orden de los productos que se enumeran en una página. La plataforma clasifica y organiza todas las mercancías que se vendieron al menos una vez en una jerarquía, que es el "Best Seller Ranking" (Ranking de los Mejores Vendidos). Con este indicador y la herramienta de estimador de ventas de Jungle Scout, puedes calcular aproximadamente el volumen de ventas de tus competidores. Para ser específicos, puedes elegir la categoría, el mercado, ingresar el "Best Seller Ranking" y obtener tu estimación de ventas. Dicha herramienta puede proporcionarte la información correcta para estar un paso por delante de tu competencia una vez que apliques las estrategias adecuadas y obtengas los resultados esperados. Si los artículos que estás vendiendo solo tienen unas pocas reseñas, puedes desempeñar un papel importante en este nicho de mercado después de realizar algunas ventas.

Para tener éxito en Amazon, deberás vender los productos correctos. Para que eso suceda, debes ser extremadamente práctico y vender lo que tiene una gran demanda y tiene muchas posibilidades de ser vendido. No necesariamente tiene que ser lo que te gusta porque puede haber muchos otros comerciantes que tengan el mismo producto. Además, puedes enfrentar una fuerte competencia con vendedores más establecidos si insistes en hacerlo así. También debes ser increíblemente apasionado por los productos que estás vendiendo porque necesitas saber todo sobre cada uno de ellos para proporcionar la información que los clientes necesitan ver, así como para mejorar su calidad. Esa es una forma de crear una marca muy apreciada, en la que los consumidores pueden confiar y volver a comprar.

Categorías más vendidas en Amazon

Un buen punto de partida para seleccionar los productos correctos para vender en esta plataforma es verificar las estadísticas de las categorías y subcategorías más vendidas. La buena noticia es que es el tipo de información que se puede encontrar fácilmente en el sitio web de Amazon. Por lo tanto, puedes navegar por las categorías del sitio y esperar a que cada una muestre los productos más vendidos. Si limitas tu búsqueda a secciones específicas, encontrarás los productos más vendidos, que también pueden ser extremadamente competitivos; es por eso que abordarlos puede no ser lo más sabio.

Sin embargo, si vas más allá y navegas por las subcategorías, es posible que encuentres "best sellers" que valen la pena. Algunos productos simplemente se venden mejor bajo una marca privada, pero las áreas que pueden ser para todos son:

- cocina y comedor

- suministros de mascotas
- deportes y aire libre
- patio, césped y jardín
- hogar y cocina

Capítulo 3: La fabricación de los productos para tu marca

Seleccionar el proveedor

En la era de la globalización, el comercio y la fabricación no tienen barreras, ya que el mercado es el mundo entero. El desarrollo del comercio minorista online tuvo un impacto positivo en el proceso de producción porque están vinculados entre sí. El aumento de las ventas también significa que se están fabricando muchos más productos. La competencia está creciendo como nunca antes; para ser más competitivo, necesitas tener algunos ases bajo la manga. De eso se trata tener productos de alta calidad a mejores precios. Hoy en día, todos recurren a China cuando se trata de fabricar prácticamente todo, teniendo en cuenta que la mayoría de los productos en uso tienen al menos una parte creada allí. Es por eso que este país es mejor conocido como la "fábrica del mundo".

Si eres un comerciante que piensa vender en Amazon, entonces probablemente tengas una ligera idea de lo que quieres poner a la venta. En el capítulo anterior, ya cubrimos factores claves como: cómo encontrar el producto más vendido, qué nicho de mercado necesitas abordar, qué información necesitas saber sobre los competidores y el producto, así como las categorías más vendidas en Amazonas. Ahora es el momento de encontrar tu fabricante o proveedor, y la mejor ubicación para comenzar tu búsqueda es China.

El portal ideal para encontrar proveedores y fabricantes de China es Alibaba.com. Esta plataforma conecta empresas de todo el mundo con fabricantes y proveedores chinos de todo tipo de productos. Alibaba hace un gran favor al comercio mundial, ya que hace que la interacción entre todas estas compañías, extranjeras o no, sea más fácil que nunca. Puedes ver fácilmente en qué se especializan los fabricantes, junto con su cartera, dirección local y datos de contacto. El sitio web hace que la búsqueda de dicha información sea extremadamente fácil porque seleccionan cuidadosamente a todos los productores y proveedores que están presentes en el sitio. Por lo tanto, te puede garantizar que todos ellos sean legítimos y capaces de comunicarse en inglés u otros idiomas internacionales. Esto implica además que puedes ponerte en contacto con varios proveedores y fabricantes y preguntar sobre todos los detalles posibles relacionados con un pedido a granel (por ejemplo, 500 unidades). Por ejemplo, características y atributos claves del producto, costo de envío, precio de los artículos (ya sea al por menor o al por mayor), plazos de entrega, y términos y formas de pago.

Pedido de muestra

Una vez que hayas recibido algunas ofertas, debes crear una lista de los proveedores de productos más interesantes y relevantes para ti. El siguiente paso es ordenar algunas muestras de cada candidato para averiguar cuál es el producto más adecuado para tu negocio. En este punto, no debes elegir el más barato porque, durante este proceso, debes priorizar el período de entrega, así como la comunicación entre tu y el fabricante cuando se trata de rastrear la muestra. No tienes que seleccionar las opciones de alto precio todo el tiempo, pero tampoco deberían ser las más económicas porque un precio exiguo puede significar carencia de calidad. Si deseas vender productos con etiqueta privada en Amazon, debes cuidar tu imagen y marca; es por eso que tienes que encontrar un producto original y de alta calidad. En esta fase, básicamente pruebas una posible relación comercial entre ti y el proveedor en el futuro. De esta manera, si tienes una muestra que puede entregar los productos con prontitud, cumple con tus requisitos de calidad y tiene una excelente comunicación con el fabricante, entonces este es el socio que debes seleccionar del mercado chino. Nuevamente, el precio no debe ser el factor principal que influya en tu decisión. En cambio, debes centrarte en los otros aspectos mencionados anteriormente.

Siempre prueba la muestra antes de realizar el pedido

Cuando solicitas la muestra, ya estableces algunos parámetros y características claros, que el fabricante debe respetar para colaborar contigo. Como acabas de recibirlo, puedes contactar a diferentes fabricantes y comparar sus productos entre sí y verificar si cumplen con todos tus requisitos. Tendrás que realizar algunos controles de calidad y, con suerte, cumplirán con todos ellos.

Las pruebas de muestra son un factor decisivo cuando deseas trabajar con un fabricante. Si la muestra que has seleccionado es para un producto que es un poco más caro que el otro con el que lo has comparado, entonces debes ponerte en contacto con el fabricante y negociar el precio por unidad, dependiendo del pedido que estés pensando hacer. En la mayoría de los casos, los fabricantes chinos están abiertos a negociaciones, por lo que este es el momento adecuado para obtener el mejor precio para el producto que planeas vender en Amazon. Al obtener un mejor trato, significa que puedes ser más competitivo que otros comerciantes que también venden productos similares en la plataforma. No solo te brinda una ventaja adicional contra ellos, sino que también promete un mayor margen de ganancias, que puedes utilizar para tu beneficio. Por ejemplo, puedes ofrecer descuentos a los consumidores.

Realizar el pedido

El último paso en este proceso es realizar el pedido. En este punto, estás idealmente satisfecho con la muestra que has obtenido, así como con la línea de comunicación con el fabricante y la negociación por un mejor precio. Se recomienda comenzar con una menor cantidad de unidades en el primer pedido porque aún no has probado cómo se venderá tu producto en Amazon. Ten en cuenta que el fabricante puede demorar de tres a cuatro semanas en entregar tu pedido; además de eso, debes contabilizar una o dos semanas adicionales para que los artículos se entreguen a un centro de distribución. Una vez que veas tus ventas, puedes tener una mejor idea de la cantidad de unidades que necesitas ordenar. Después de todo, ya tienes estadísticas claras sobre las ventas y descubres cuáles pueden ser los productos de mayor y menor venta. Con suerte, tendrás éxito instantáneo y un crecimiento constante de las ventas para que puedas ordenar más productos. Sin embargo, lo más probable es que un pedido más significativo constituya un precio más bajo por unidad. Cuanto más pidas, mayores ganancias obtendrás.

Capítulo 4: Preparación de tu producto para la venta

Branding en Amazon

Una vez que hayas decidido qué productos vender en Amazon, es imprescindible comprender lo que debes hacer para prepararlos para la venta. Esto no solo está relacionado con el embalaje, el etiquetado y el envío de productos a los centros de distribución. Una cuestión fundamental es la marca, ya que debes asegurarte de tener los derechos para vender esos productos en la plataforma. Después, los artículos allí se venden directamente por Amazon o por minoristas externos. Cuando se trata de lo primero, los productos son propiedad de la compañía Amazon; es por eso que tienen control total sobre las decisiones de precios y el stock. Cuando los minoristas externos venden los productos, todo comienza a ser más complicado.

En el último caso, hay algunos escenarios diferentes que vale la pena mencionar:

Los vendedores no autorizados han atraído mucha atención últimamente, ya que muchos comerciantes aún pueden encontrar una manera de vender en Amazon, a pesar de no tener derecho a hacerlo. Si ya no tienes autoridad sobre tu inventario, y otros comerciantes tienen acceso a tu producto, el mercado puede ser extremadamente problemático. En tal escenario, tendrás cero control sobre los precios, ya que no sabes quiénes son los revendedores y no tienes ninguna influencia sobre ellos para asegurarte de que cumplan con los requisitos de Amazon al igual que tu.

El peor escenario para una marca es cuando hay transparencia de precios, pero no tienen control sobre ellos.

Esta situación se produce cuando algunos minoristas venden sus productos con un ligero margen de beneficio. Los comerciantes autorizados no pueden permanecer en el negocio cuando los no autorizados tienen estos pequeños precios que la marca ni siquiera puede regular. En muchos casos, a los clientes no les importará quién vende el producto, siempre que puedan obtener la misma calidad a un precio significativamente más bajo. La conclusión es que si los compradores pueden hacer que la marca sea más barata en Amazon, es posible que la marca no pueda promocionarse bien en la plataforma.

¿Cómo proteger y controlar tu marca en Amazon?

Una marca que se vende en la plataforma de Amazon debe tener una marca registrada. A veces, sin embargo, tener esto último no es suficiente para proteger la etiqueta de los revendedores no autorizados. Si posees una marca (y también tienes una marca registrada), es posible que necesites obtener algunos servicios de asesoramiento legal para defenderte de estos comerciantes ilegales que venden tus productos sin tu aprobación. La desventaja es que esta estrategia no siempre resulta ser muy efectiva debido al "mercado gris" (como se ve a continuación).

El "mercado gris" es una vía de escape que los revendedores no autorizados están utilizando para obtener beneficios de tu marca. Todos estos comerciantes tienen asesores legales, y no son fáciles de asustar cuando se trata de disputas de etiquetas. Siempre invocan la "doctrina de la primera venta", que es más un concepto legal que permite a cualquier persona en el país comprar un producto y revenderlo donde quiera y a quien quiera [1]. Todos estos revendedores no autorizados implementan con éxito esta ruta de escape bajo la protección de la "doctrina de la primera venta" y compran y venden sus productos sin tener que preocuparse por las consecuencias legales. Sin embargo, hay una solución que una marca puede también probar.

Para tener un control total sobre tu distribución y ventas de productos, necesitarás obtener una marca registrada, que pueda superar fácilmente la primera doctrina comercial. A través de este registro, puedes especificar cómo se maneja tu producto y cómo pasa del minorista al cliente. Esta es una opción que puedes aplicar mejor que la marca comercial estándar. Hay aproximadamente 75 formas diferentes de implementar y definir una marca comercial, y puedes usar cualquiera de ellas contra los minoristas no autorizados para prohibir la "primera doctrina de venta" invocada por el vendedor sin licencia.

Al ajustar tu control sobre tu marca registrada, puedes:

a) Aumentar tu autoridad sobre el proceso de distribución y evitar enviar cartas de cese y desistimiento a todos los vendedores no autorizados; y

b) Demuestras que la venta continua de tus productos sin tu consentimiento es, de hecho, un problema legal.

Al dar este paso adicional, este tipo de comerciantes ya no pueden buscar protección en "la primera doctrina de venta". Si estipulas términos inequívocos en la marca comercial, significa que estos comerciantes no podrán encontrar una laguna legal para vender tus productos en su beneficio.

La fea verdad es que probablemente no hay muchas marcas en el mundo que tengan control total sobre su distribución, y esta falta de poder puede considerarse como un factor de motivación para que los revendedores ilegales continúen sus sucias acciones. En muchos casos, la mercancía cae en las manos equivocadas y termina siendo distribuida y vendida sin el consentimiento de la compañía de la que proviene originalmente. Como propietario de la etiqueta, sin duda quieres proteger el valor de la marca, pero a un distribuidor no le importa este aspecto, ya que su objetivo es obtener grandes volúmenes de ventas. Además, no tienen en cuenta el valor de la marca a largo plazo ni pagan el precio premium que solicitan a cambio de autenticidad. Vender en cualquier canal diferente debería representar un factor de motivación para que la marca imponga vender a un precio más alto que los productos genéricos.

¿Cómo tener un mayor control sobre tu tienda online?

Cuanto más controles tu canal de venta y distribución, mayores serán las posibilidades de salvar tu negocio. Como se mencionó anteriormente, es difícil encontrar una marca en cualquier lugar que tenga el 100% del control sobre el destino de sus productos, pero puedes eliminar cualquier laguna legal que los comerciantes no autorizados puedan usar en tu contra. Al hacerlo, estos revendedores renunciarán a vender sus productos de manera inequívoca y deberás preocuparte menos por la competencia desleal. Además, deberás asegurarte de que los artículos que enumeras en Amazon tengan la opción "Buy Box"; de lo contrario, el distribuidor que autorices puede engancharlo. Una vez que hayas hecho esto, notarás que el control de precios puede estar en tus manos, y será más similar con las tarifas en otros canales de venta que no están relacionados con Amazon. Si tienes un control estricto sobre los precios, también puedes buscar comercializar tus productos en tiendas físicas, no solo online, al mover la mercancía a los comerciantes fuera de línea que tu autorices. En otras palabras, tener el control de tu canal de Amazon puede salvar tu negocio, ya que puedes obtener más distribuidores para que realicen ventas a un precio que podrás administrar.

Publicidad en Amazon

Amazon es un mercado robusto, una verdadera jungla donde solo los comerciantes más fuertes pueden sobrevivir y obtener ganancias significativas. Esta plataforma también actúa como un motor de búsqueda, por lo que es muy recomendable tener todo tu contenido optimizado. Sin embargo, ¿es suficiente? ¿La optimización hará que tus productos realmente se destaquen de los demás? ¿Serán más visibles que el resto? La desafortunada verdad es que esta acción no es suficiente; es por eso que también deberás anunciar tus productos en la plataforma.

Dado que Amazon tiene un entorno increíblemente competitivo, los revendedores externos deben promocionar sus productos de manera intensiva para aumentar sus ventas. El marketplace es el lugar donde Google anuncia la mercancía y también la indexa. La publicidad es un proceso que puede separar la parte de ventas de tu sección de marca. Sin embargo, lo que debes comprender desde el principio es que los listados en Amazon están indexados extremadamente altos en Google. Por lo general, aparecen dentro de los primeros dos resultados por cada búsqueda relacionada, y puedes descubrir que incluso si los resultados no son muy relevantes con las palabras claves, aún pueden tener los productos visibles para muchos consumidores. Sin embargo, esta característica especial no puede garantizar ventas fenomenales, especialmente si tu contenido es algo débil.

Algunos de los expertos en comercio electrónico consideran que el avance más significativo en la plataforma es el desarrollo de Amazon Advertising [3]. Respaldan su respuesta con la afirmación de que esta opción es una venta doble.

- El elemento PPC representa la primera parte de la venta, que implica la oferta de palabras claves por parte de los vendedores de Amazon para asegurar la posición mejor visible en la página. Obviamente, todo este proceso está generando toneladas de dinero para Amazon.
- La venta del producto exhibido es la parte cuando la visualización se convierte en una venta (conversión). Dado que esto último se realiza en la misma plataforma, Amazon cobra una tarifa y, por lo tanto, vuelve a ganar dinero.

Amazon logra obtener una triple victoria de este proceso, ya que:

- Ayuda al consumidor a encontrar su mejor opción del producto que está buscando;
- Aumenta la clasificación del vendedor en función de esos artículos; y
- Pide tarifas por cada venta y publicación de anuncios.

Sin duda, los productos promocionados tienen significativamente más ventas que los estándar, aunque Amazon hace un trabajo sobresaliente al exhibir los productos usando la optimización orgánica mientras muestra a los patrocinados en la parte superior. En el pasado, Amazon Advertising no era una opción comúnmente utilizada por los comerciantes. Sin embargo, debido a la mayor competitividad, muchos revendedores están utilizando este servicio. Algunos de ellos incluso se han vuelto extremadamente hábiles en eso. Si ignoras esta función, serás superado por los comerciantes que son buenos en:

- encontrar oportunidades con palabras claves;
- haciendo una oferta inteligente;
- haber aumentado los presupuestos (con partes designadas para publicidad); y
- utilizar expertos para este servicio.

Hoy en día, no es suficiente ejecutar anuncios solo en Amazon, ya que necesitarás encontrar una manera de maximizar el rendimiento. Básicamente, debes hacer que los anuncios funcionen para ti. Sin embargo, dado que más comerciantes ya están utilizando esta opción de marketing, el costo de la publicidad y la competencia también han aumentado.Por el momento, la situación es:

- Amazon ha reunido todas las opciones de publicidad que puede proporcionar en un solo programa ampliado en https://advertising.amazon.com/, aumentando así la accesibilidad de sus servicios para proveedores y comerciantes externos. El número de vendedores que consideran útiles tales funciones aumenta significativamente cada día [4].
- Todos los vendedores pueden comprar anuncios de Productos Patrocinados en la plataforma de Amazon, ya sea que estén utilizando las cuentas de Vendor Central o Seller Central. Esta publicidad basada en PPC se ha convertido en la herramienta más popular en el canal.
- Los anuncios de marca patrocinados (Headline Search Ads en el pasado) también se están volviendo más populares porque están disponibles para

comerciantes registrados que operan en Amazon. Esta opción presenta interesantes oportunidades de colocación de productos que son diferentes a los anuncios de la marca patrocinada, pero también enlaces a la página de la marca de la tienda Amazon.

- Los anuncios de visualización de productos son bastante interesantes ya que pueden aparecer en la página de tu competidor junto con los detalles del producto.
- Las ofertas simplemente se están volviendo más caras porque las posiciones de colocación de productos son limitadas, mientras que el número de comerciantes que usan PPC en Amazon se está disparando.

Sin embargo, no permitas que todos los hechos mencionados anteriormente te desanimen. Este servicio tiene un gran potencial y definitivamente vale la pena invertir en él. Debes capitalizar de manera inteligente la opción de publicidad de la plataforma para que tu dinero trabaje para ti. Los factores más importantes que debes tener en cuenta para seguir siendo competitivo al usar esta función son:

- Siempre busca las oportunidades de palabras claves que no estén marcadas por el uso excesivo de un término o por ofertas extremadamente altas. No se recomienda ofertar por la misma palabra clave que todos las demás, teniendo en cuenta que esta técnica simplemente aumentará drásticamente la oferta, y ningún comerciante puede ganar con eso. Amazon, por otro lado, gana una gran cantidad de dinero al ser pagado por la publicidad. Tendrás que descartar las diez palabras clave más caras y centrar tu atención en las que también pueden convertir las visualizaciones en ventas. Hay muchas herramientas para descubrir todas estas palabras clave, y pueden generar informes sobre los términos de búsqueda del usuario. También puedes intentar la búsqueda ASIN inversa para buscar palabras clave asociadas con tus competidores y qué tan bien se desempeñan. Dominarás rápidamente este proceso y te adelantarás a tus competidores.

- No dudes en gastar dinero para ganar dinero. Cuando inviertes en algo financieramente, puedes esperar obtener ingresos en un futuro cercano o lejano. Esta idea es la misma para la publicidad en Amazon. Deberás proporcionar un capital antes de poder obtener ventas y ganancias. Si has encontrado una palabra clave en la que vale la pena gastar dinero, deberás gastar más para colocar tu producto en un lugar específico. Una oferta mayor podría ser muy útil si te enfrentas a una guerra de ofertas con un competidor. Probablemente estés intentando controlar el ACoS, pero tener una cifra muy baja para este indicador no es algo que debes desear. En caso de que sepas que ese lugar te traerá mejores ventas y ROI, entonces deberás gastar la cantidad necesaria para asegurar esa posición.

- No cuentes solo con los anuncios de productos patrocinados. Puedes pensar en lo siguiente en su lugar:
  - Prueba los anuncios de la marca patrocinada si eres un comerciante externo con una cuenta de vendedor. Definitivamente, hay menos competencia con esta opción, y puedes dirigir a los compradores a la página de tu marca en la tienda de Amazon, donde pueden consultar toda la información sobre tu mercancía. Al

hacerlo, los estás haciendo conocer tu marca y tus productos y estás aumentando tus ventas .

- o Los anuncios de visualización de productos no están disponibles para las cuentas centrales de vendedores. Simplemente están destinados a los vendedores de primera mano. La buena noticia es que hay incluso menos competencia cuando usas esta opción.
- o Puede mezclarlos o probarlos todos (si tiene acceso a los anuncios) para encontrar la combinación ganadora para aumentar tus ventas.
- Prueba las campañas publicitarias automáticas y manuales de productos patrocinados. Combínalos a veces para tener más control sobre las palabras claves negativas y los grupos de anuncios. Sin embargo, no tienes que pensar en las campañas automáticas como completamente inútiles; por eso no debes descartarlas. Prácticamente puedes ejecutarlas y dejar que el algoritmo de Amazon haga su trabajo. Puede generar palabras clave en las que nunca hayas pensado por ti mismo.
- Usa herramientas adicionales para publicitar en Amazon. Hacer un esfuerzo adicional; no solo confíes en las opciones presentadas por esta plataforma.

Amazon Advertising es un dominio altamente dinámico que cambia continuamente todos los días. Tendrás que personalizar tu estrategia para obtener los resultados que esperas para que tus productos sean más visibles y aumentar tus ventas. Es recomendable estar siempre informado sobre las últimas estrategias y tecnologías que aparecen en el canal. Dado que tus listados necesitarán ajustes constantes, nunca tendrás que dejar de optimizar y probar. Descubre todo sobre Amazon PPC y asiste a seminarios web relacionados. Recuerda que lo que funcionó ayer en Amazon Advertising puede no funcionar mañana.

Además, no puedes hablar sobre la publicidad de Amazon sin mencionar los anuncios patrocinados de Amazon, que se incluyen en esta función (más exactamente, la división PPC/CPC de este servicio). No hay menos de seis divisiones en Amazon Advertising, y los anuncios patrocinados son solo una de ellas. Probablemente también sea el más asequible y el más utilizado. Las páginas de la plataforma muestran posiciones de subasta premium designadas para estos anuncios. Aquí es donde puedes encontrar anuncios o marcas específicas que se anuncian.

Para asegurar tal posición, un comerciante deberá ofertar más de lo que los competidores han puesto; para algunas palabras clave, el mejor postor obtiene la posición premium subastada. Cada vez que un usuario hace clic en el enlace en la sección de anuncios patrocinados, el vendedor tiene que pagar por ese clic. Hay tres tipos de anuncios patrocinados disponibles en Amazon, y todos ellos están disponibles para proveedores propios, ya que son los que tienen un vínculo más estrecho con Amazon y venden un mayor volumen de productos. Incluyen:

- Anuncios de productos patrocinados
- Anuncios de marca patrocinados
- Anuncios de visualización de productos

Los vendedores de terceros solo pueden beneficiarse de los dos primeros tipos. El segundo tipo está simplemente disponible para aquellos vendedores que han registrado sus marcas en Amazon. También proporciona protección de marca contra falsificadores. Los anuncios de productos patrocinados, por otro lado, son una herramienta publicitaria potente y popular en esta plataforma que no solo es capaz de generar tráfico y ventas, sino que también supera a otros vendedores.

Para utilizar esta herramienta, deberás comprender qué puede hacer exactamente por ti. Estos detalles se pueden encontrar a continuación.

1) Introduce un nuevo producto en el mercado.

Los anuncios de productos patrocinados aumentan la visibilidad de tus productos, por lo que puedes comenzar a vender y ver crecer tus ganancias. Una vez que tus ventas comiencen a florecer, también obtendrás críticas, que son extremadamente importantes en Amazon.

2) Aumenta tus ventas y mejora tu ranking

Tener ventas aumentará automáticamente tu clasificación y mejorará tu posición de búsqueda orgánica. Algunos especialistas tienden a llamar a esto como el "efecto Halo", ya que la publicidad y las ventas generadas mediante anuncios de productos patrocinados también pueden aumentar las ventas orgánicas.

3) Es probablemente la mejor herramienta para atraer nuevos clientes.

No puedes esperar una mejor herramienta para atraer nuevos consumidores que los anuncios de Productos Patrocinados. Una vez que están comprando tus productos, pueden permanecer leales a tu marca. Esto implica que ya los tienes enganchados.

4) Los anuncios patrocinados te ayudan a vender más

En el improbable caso de que nada de lo anterior se aplique a ti, esta herramienta aún puede generar más ventas. Por lo tanto, definitivamente constituye un dinero bien gastado.

Cuando casi cualquier otra persona esté utilizando este servicio, bueno, no cualquiera, sino un número cada vez mayor de venddores; no solo tendrás que ejecutar anuncios de productos patrocinados. Es esencial hacerlo mejor que el resto para lograr tus objetivos. Chris Perry, un famoso especialista en este dominio, ha denominado al entorno de Amazon una advertocracia. Si la democracia significa el poder del pueblo, este último significa literalmente el poder de la publicidad. Una tendencia de crecimiento constante en esta plataforma es el uso de Amazon Advertising, lo que hace que la búsqueda orgánica sea menos importante. Una estadística simple (Wallace et al., 2019) muestra que más del 54% de los compradores comienzan su búsqueda de productos en esta plataforma, y más del 65% de todos los clics permanecen en la primera página. La plataforma evoluciona rápidamente y se automatiza más; a medida que la comunidad Prime se hace más grande, las marcas nacionales y privadas ejercen una presión mayor que conduce a una competencia feroz. Si el estante digital se consideraba una democracia de estante, Amazon es literalmente una advertocracia donde no puedes sobrevivir o existir sin pagar [5].

La verdad es que si no estás utilizando anuncios de productos patrocinados, estás:

- Ofreciendo una gran ventaja a tus competidores;
- Dejar intencionalmente mejores lugares para colocar a tus competidores; y
- Ahorrar dinero mientras los competidores obtienen mejores ventas, clasificaciones y reseñas.

Si actualmente estás utilizando el servicio, probablemente experimentes:

- Tener algunas recompensas, a pesar de pasar una gran cantidad de tiempo revisando tablas dinámicas de Excel e informes de Amazon;
- Gastar demasiado dinero para superar a tus competidores;
- Un dilema muy frustrante ya que te preguntas quién tiene más para ganar si tanto tú como tu competencia están utilizando los mismos datos proporcionados por Amazon; y

una verdad fea, teniendo en cuenta que ni tu ni tus competidores tienen la clara ventaja, y Amazon aprovecha esto al máximo porque está haciendo una oferta para obtener la posición de subasta premium, lo que conducirá a un aumento en los costos de publicidad e ir directamente a Amazon.

Lo que necesitas saber en este caso es que la plataforma asegura tu lugar según tu oferta y la relevancia de la búsqueda. No te cobra por las impresiones, pero cobra una tarifa por cada clic que los clientes hacen en tus enlaces.

La cuestión es que Amazon considera que los anuncios de productos patrocinados son muy importantes. Pueden revelar cómo las empresas obtienen su parte de las propiedades "inmobiliarias" en la plataforma, ya sea que estén utilizando la aplicación designada, el navegador móvil compatible o el sitio completo desde cualquier computadora de escritorio o portátil. Los anuncios pueden aparecer en la mayoría de las ubicaciones que se consideran relevantes de forma natural, parecidos a los resultados de búsqueda generados por la búsqueda orgánica, por lo que la ubicación anunciada también aparece como una de las mejores coincidencias para la búsqueda de palabras clave.

El algoritmo utilizado por Amazon permite la visualización de resultados de búsqueda relacionados, coincidencia exacta o términos similares. Sin embargo, también tiene en cuenta las posiciones anunciadas, ya que se muestran primero (si son lo suficientemente relevantes). Los vendedores deben saber esto cuando ofertan por palabras claves.

Algunos vendedores utilizaron algunas campañas poco éticas en el pasado. Para ser específicos, le pagaban a las personas para que escribieran comentarios sobre los productos para que pudieran generar una inmensa cantidad de comentarios [6]. Esta práctica ya estaba prohibida en octubre de 2016, pero todavía la utilizan algunas "granjas de comentarios" que encuentran personas en las redes sociales y las convencen de escribir algo sobre un producto para crear una imagen falsa al respecto. La mayoría de los consumidores buscan comentarios de otros cuando compran una mercancía, y a menudo gravitan hacia aquellos con muchas críticas, especialmente si la mayoría de estas revisiones tienen 5 estrellas. Al igual que estas revisiones incentivadoras, los anuncios de productos patrocinados tienen una función similar porque pueden garantizar la mejor ubicación en la página y aparecer en los resultados de las mejores coincidencias orgánicas.

Debes comprender que los anuncios de Productos Patrocinados tienen que ver con la visibilidad y la integración y que no puedes tener la mejor calidad del mundo si tus productos no son visibles y los compradores no los conocen. Una posible explicación es que tienes contenido de baja calidad , no optimizado, lo que lleva a tus productos a los resultados finales. Es posible que ni siquiera los veas en las dos primeras páginas, y la mayoría de los usuarios de Amazon no navegarán más allá de la segunda página de resultados.

Para beneficiarse de todas las ventajas que ofrece esta herramienta, primero deberás saber cómo ejecutar una campaña de anuncios de Productos Patrocinados, así como cuáles son sus componentes y qué hace exactamente. Para simplificar, una campaña de este tipo agrupa anuncios para lograr un objetivo. Imagínalo como un tazón en el que tienes todos los productos necesarios para aumentar las ventas y hacerte más visible. Es muy recomendable utilizar un artículo por campaña para que los consumidores puedan asociar fácilmente el producto con la campaña publicitaria.

Al ejecutar la campaña de anuncios de Productos Patrocinados, deberás configurar lo siguiente:

Nombre de la campaña
En este caso, deberás elegir un nombre de campaña que sea descriptivo y fácil de recordar.

ACoS objetivo
ACoS significa Costo promedio de ventas en español. Es un indicador creado por Amazon para revelar la rentabilidad de tu campaña. En otras palabras, representa el dinero que gastas en publicidad, dividido por los ingresos generados por la campaña publicitaria. Cuanto más bajo es el porcentaje, mejor. Un buen porcentaje para este indicador sería del 25% [7].

Tipo de target automático
Deberás dejar al algoritmo hacer su magia y descubrir automáticamente las palabras claves de acuerdo con la lista de productos de tus productos y competidores. No es recomendable invertir demasiado en este tipo de target, sino que solo uses una pequeña porción de tu dinero para gastar en la campaña de target automático, ya que puede

generar nuevas oportunidades de palabras claves (probablemente nunca pensaste en estas palabras clave).

Tipo de target manual

El target en modo manual es un tipo que ofrece un mayor control sobre las palabras clave que buscas. Algunas herramientas pueden sugerirte millones de palabras clave diferentes, por lo que solo necesitarás establecer el tipo de concordancia, ya sea amplia, de frase o concordancia exacta, para maximizar tus vistas y, finalmente, tus ventas.

Presupuesto diario

El presupuesto diario es la cantidad de dinero que estás dispuesto a gastar diariamente para anunciar tus productos. La asignación monetaria recomendada para las campañas de orientación automática todos los días es de $5 a $10. Para los objetivos manuales, necesitarás aumentar tus gastos y aumentar la cantidad a $20 por día al principio.

Grupos de anuncios

En esta fase, deberás establecer datos importantes como ofertas predeterminadas, tipos de concordancia y palabras claves, y las palabras claves que quieres evitar.

Durante esta campaña, deberás familiarizarte con la terminología. Por lo tanto, debes saber cuáles pueden ser las palabras claves del anuncio o los términos de búsqueda del usuario. Cuando comiences tu campaña, deberás informar a Amazon sobre las palabras clave relevantes para tu producto. En este punto, debes expresar cómo consideras que escribirá el consumidor para encontrar lo que está buscando.

Cuando pagues por estos anuncios, deberás tener cuidado con las palabras claves. Si te expresas correctamente, tu producto se mostrará en muchas búsquedas.

Los términos de Amazon se refieren a las palabras y frases que usa el consumidor cuando busca un producto en esta plataforma. El mercado hace coincidir los términos con las palabras claves que configuraste y luego muestra los productos más relevantes. Si haces bien tu trabajo y formulas todo correctamente para que coincida con la mayor cantidad de palabras posibles, tus artículos se mostrarán cuando el cliente esté buscando algo para comprar. Hay dos formas en que las palabras claves se emparejan con los términos de búsqueda: concordancia automática y manual.

Las principales ventajas de la coincidencia de objetivo automático son:

- Es rápida y fácil.
- Amazon presenta una lista de palabras claves, que se obtienen de un proceso de recopilación de datos extremadamente vasto.
- Es muy probable que obtengas palabras claves que habías pensado.

Además, puedes encontrar las siguientes desventajas:

- Tienes mucho menos control, pero al menos el proceso es fácil.
- El proceso también generará menos palabras clave relevantes, y esto puede afectarte.
- Amazon querrá mantener este tipo de concordancia porque genera una inmensa cantidad de palabras claves posibles, y cada palabra generará un clic (Amazon ganará dinero en este caso).

Un término con el que debes familiarizarte es la conversión (que es el pedido en sí), que representa la venta que resulta después de hacer clic en el anuncio del producto patrocinado. La conversión no significa cada venta, ya que un cliente puede comprar 15 artículos de los mismos productos, pero aún así cuenta como una conversión. En otras palabras, la conversión es la vista de un producto convertido en una venta.

La búsqueda manual de objetivos se explica por sí misma y debe considerarse como el "blanco de los dardos". Tiene algunas características distintas como:

- **Concordancia genérica;** que incluye las palabras claves especificadas independientemente de su orden, lo que permite mostrar otras palabras antes y después. Este tipo de coincidencia es el más amplio, pero no proporciona el mejor resultado. Las palabras claves combinadas de esta manera pueden convencer a los compradores de comprar tu producto o alejarlos, ya que el resultado no es demasiado relevante para su búsqueda.
- La **concordancia de frase** representa una secuencia de palabras que se emparejan con los términos de búsqueda del usuario. También es el anillo central del "ojo de buey del dardo", ya que se puede permitir algunos errores ortográficos. Obviamente, ofrece mejores resultados que el anterior, lo que aumenta tu tasa de conversiones. En otras palabras, este tipo de concordancia aumentará significativamente tus posibilidades de obtener una venta, ya que es más probable que el producto que se muestra después de escribir los términos de búsqueda sea más relevante para la búsqueda.
- La **concordancia exacta** se explica por sí sola, considerando que la palabra clave coincide exactamente con el término de búsqueda ingresado por el cliente. Este tipo de concordancia proporciona

los mejores resultados porque el producto que se muestra es el buscado por el comprador. La tasa de conversión es extremadamente alta en este caso.

- Las **palabras clave negativas** son aquellos tipos de palabras clave por las que no deseas realizar una oferta. Estas palabras se deben descubrir durante esta campaña publicitaria patrocinada, más precisamente en la fase de grupo de anuncios.

¿Se recomienda utilizar los tipos de campaña de target automático y manual?

La forma más efectiva de usar anuncios de productos patrocinados es la campaña de target manual. Este proceso dará como resultado datos más relevantes, ya que tendrás un mayor control sobre dichos datos, lo que te permitirá ajustar tu campaña fácilmente y optimizarla para obtener los objetivos que estás buscando: una tasa de conversión más alta correlacionada con una ACoS más baja. Las campañas de target automático siguen siendo útiles, especialmente si las usa adicionalmente a las de target manual. Si deseas recopilar una gran cantidad de datos a bajo costo y sin involucrarte, entonces las campañas de target automático son para ti. Sin embargo, cuanto mayor sea el porcentaje para el uso de campaña de target manual (en la situación en que estás mezclando ambos métodos), mayores serán las posibilidades de obtener las palabras clave más relevantes y la búsqueda de términos de usuario, y pueden ser muy útiles para ti.

¿Cómo establecer el presupuesto de la campaña?

Como se vio anteriormente, las campañas de target manual son las que tienen mejores resultados, por lo que debes centrar tus recursos financieros en ellas. La campaña de target manual se puede comparar con una aspiradora, mientras que la campaña de target automático es comparable a una escoba. La razón es que la primera puede obtener la mayor cantidad de palabras claves, ya que absorbe cada parte importante. Por lo tanto, absorbe incluso las "migajas" de las palabras claves, sin dejar demasiado atrás.

Lo que queda atrás (si hay algo) es recogido por la campaña de target automático, por otro lado, ya que barre los bits restantes que quedan de las palabras claves; por lo tanto, se compara con una escoba. Sin duda, la aspiradora recoge los resultados más importantes para ti, no la escoba; por lo que debes centrar tu presupuesto en una campaña de target manual. También debes establecer un límite diario cuando se trata de gastar en campañas y configurar tus ofertas predeterminadas para niveles de palabras claves y grupos de anuncios más específicos.

En resumen, puedes encontrar los aspectos claves de la campaña de anuncios de Productos Patrocinados en Amazon a continuación, junto con su definición o explicación.

- Deberás saber que la campaña representa el nivel más alto de agrupación dentro de tu proceso de anuncios de productos patrocinados. Imagínalo como un contenedor o un barco que contiene uno o incluso más grupos de anuncios. En este punto, deberás establecer el límite de gasto diario, el tipo de objetivo automático o manual y las palabras claves que desea evitar.
- Los grupos de anuncios son parte de la campaña publicitaria. Se consideran un recipiente más pequeño dentro del más grande. Por lo tanto, puedes

establecer ofertas predeterminadas, tipo de concordancia y palabras clave, palabras clave negativas y enlaces de anuncios de productos.

- Las palabras claves son los bits de información que esperas que los clientes busquen en esta plataforma. Dichas palabras claves deben basarse en términos y frases que los consumidores escriben en Amazon. Puedes ofertar por palabras claves, las que consideras que tienen más probabilidades de escribirse, así como utilizar la oferta predeterminada en el nivel del grupo de anuncios o seleccionar una cantidad mayor para gastar en una palabra clave específica. Existen algunos tipos de coincidencias de palabras clave, como:
  - o **Palabras clave negativas**: las palabras claves que debes evitar;
  - o **Campaña automática**: un proceso distinto en el que el algoritmo proporciona automáticamente una lista de palabras claves de acuerdo con los productos de la competencia, el reconocimiento de imágenes y tu propio contenido.
  - o La campaña manual incluye tres tipos diferentes de coincidencias:
    - ▪ La concordancia amplia es muy amplia, no recomendable ni utilizable;
    - ▪ La coincidencia de frase puede ser sobre cualquier coincidencia encontrada por el algoritmo con tu contenido, productos de la competencia y posiblemente incluso reconocimiento de imagen; y
    - ▪ La concordancia exacta se explica por sí sola porque la palabra clave coincide

con el término de búsqueda ingresado por el cliente.

- Los anuncios de productos relacionados son algunos de tus productos, que pueden ser complementarios con los productos que el cliente está buscando actualmente. Este tipo de campaña puede resultar útil para el comerciante.

Una de las características más importantes de la campaña de anuncios de Productos Patrocinados es la oferta en sí, ya que esta característica es una forma de publicidad de pago por clic (PPC). Significa que se te cobrará por cada clic que hagan en tus productos patrocinados, independientemente de si el cliente realiza una compra o no. En Amazon, tu, como revendedor, no obtienes clics; en su lugar, estás tratando de superar a tu competencia cuando se trata de colocar anuncios y hacerte mucho más visible. La visibilidad aumentada puede convertir un clic en una venta. En este caso, la oferta es la cantidad de dinero que estás dispuesto a pagar por cada clic realizado en tus productos patrocinados. Al iniciar la campaña, primero deberás establecer los montos de las ofertas (límite financiero) en cada palabra clave establecida en el nivel del grupo de anuncios.

El punto de partida en este caso será una oferta sugerida (también conocida como el valor recomendado de la oferta), teniendo en cuenta cuántos competidores hay para el mismo producto y cuánto gastan para que la palabra clave gane la ubicación del anuncio. Esta opción puede resultar útil, ya que puede darte una idea de cómo colocar anuncios y las mejores tarifas. La colocación de anuncios en la mayoría de los casos no será suficiente porque Amazon es un mercado competitivo en el que deberás estar siempre dos pasos por delante de tu competencia. Debes reconocer que tus competidores reciben las mismas ofertas sugeridas, por lo que depende de ti encontrar las mejores soluciones para destacarse del resto. El uso de Ignite en este punto puede ayudarte con tu competencia, teniendo en cuenta que las ofertas sugeridas han resultado después de un análisis en profundidad y la recopilación de búsquedas de términos de usuario históricos y en tiempo real. Puede ser la herramienta ideal para realizar ofertas más inteligentes y tener más anuncios.

En circunstancias normales, si haces una oferta más alta que tus competidores, se mostrará tu producto en lugar del suyo. Sin embargo, esto no es necesariamente una regla general, ya que hay algunas situaciones en las que la oferta más alta no llegará a la posición subastada. Amazon ya tiene estadísticas sobre cualquiera de los productos vendidos a través de su plataforma y, en algunos casos, el producto de mayor oferta no llegará a la posición patrocinada. ¿Cómo es esto posible?

Bueno, si Amazon está tratando de vender un producto lo más rápido posible para generar un mayor nivel de satisfacción del cliente y menos devoluciones, entonces ese producto tendrá prioridad sobre el tuyo incluso si tienes la oferta más alta en la posición de subasta premium. Simplemente no puedes vencer a Amazon cuando se trata de palabras claves, ya que siempre tendrá mejores palabras claves que las suyas y colocará su producto frente al suyo. Al mostrar los anuncios patrocinados o cualquier otro producto, la plataforma establece la relevancia y la calidad de un anuncio, y puedes ver cómo lo hacen a continuación:

- Elimina un anuncio, que no es elegible para el Buy Box.
- Los anuncios restantes simplemente se analizan utilizando los criterios de relevancia. (La categoría

desempeña un papel importante en estos criterios, ya que un producto que no se enumera correctamente se considerará irrelevante). Luego, los anuncios se clasifican según el valor de la oferta, así como la probabilidad de que se haga clic en el anuncio. (La tasa de clics es un indicador extremadamente útil). Existe una fórmula matemática para la posición del producto Valor de oferta x CTR. Cuanto mayor sea el resultado, mejor será el ranking.

La oferta clásica se ha convertido en una característica de uso popular durante la campaña PPC. Por lo tanto, en algunos casos, puede resultar insuficiente. Amazon ya tiene la solución para este escenario en la función Mayor Oferta. El uso de esta función envía un mensaje muy claro a la plataforma de que deseas el primer puesto; no quieres conformarte con menos, y estás dispuesto a pagar por ello. Bid + (Mayor Oferta) te permite aumentar el valor de la oferta hasta en un 50% en una palabra clave o grupo de anuncios específico. Los clics serán más caros; por lo tanto, consumirás tu presupuesto diario más rápido que la oferta estándar. En este punto, puedes ajustar tu asignación monetaria, para que puedas beneficiarte más de esta función.

Durante las campañas de target manual, deberás comprender términos como costo por clic (CPC) y tasa de clics (CTR). El primero representa la cantidad de dinero gastado dividido por el número de clics cubiertos por él. Este indicador muestra la cantidad de dinero que necesitas gastar para obtener un clic. Este valor siempre está por debajo de la oferta, teniendo en cuenta que la oferta es la cantidad máxima de dinero que puedes permitirte gastar por clic. El costo por clic es crucial para ayudarte a descubrir cuánto debes pagar por los clics, así como el retorno de la inversión (ROI). Si el nivel de CPC es más alto, solo puede significar que la palabra clave es popular y que sus competidores también están pujando.

Por otro lado, el porcentaje de clics (CTR) se trata de clics e impresiones. Si bien el clic se explica por sí mismo, las impresiones se refieren a la cantidad de veces que el anuncio se muestra a los compradores. El CTR es un indicador expresado en porcentaje, que divide la cantidad de clics por la cantidad de impresiones. Su valor es diferente de una categoría a otra, pero un valor normal será del 0,5% en la mayoría de los casos. Cuando tienes términos, que son extremos, el valor de este indicador es de alrededor del 5%. Los términos de concordancia genérica tienen un valor de CTR de hasta el 1% (la mayoría de ellos), mientras que en la mayoría de los casos de CTR, el valor es inferior al 3% [8].

Sin embargo, todavía hay algunas otras cosas a tener en cuenta en las Campañas de anuncios de productos patrocinados, como las reseñas y el precio del producto. Al analizar qué elementos mostrar en los sitios patrocinados, Amazon tiene que decidir qué productos son más deseables porque están orientados principalmente a lograr la satisfacción del cliente. Un producto con un precio más bajo y reseñas de cinco estrellas puede vencer a un producto que es más caro y menos revisado, aunque el segundo producto puede tener una oferta más alta para el puesto subastado.

Al realizar una campaña publicitaria de Productos patrocinados, debes establecer tus objetivos desde el principio. A continuación puedes encontrar algunas preguntas que pueden ayudarte a establecer tus objetivos:

a) ¿Eres un novato cuando se trata de campañas publicitarias de productos patrocinados? ¿Lo estás intentando por primera vez porque sospechas que tu competencia lo está usando?

b) ¿Estás a punto de lanzar un nuevo producto?

c) ¿Estás tratando de obtener una tasa de conversión más alta en un producto que no ofrece los resultados esperados?

d) ¿Estás tratando de disminuir ACoS por debajo de un nivel específico?

e) ¿Deseas pasar menos tiempo y sentirse menos frustrado con los anuncios de productos patrocinados?

f) ¿Quieres subir tu ranking en 50 posiciones?

Las respuestas a las preguntas anteriores pueden ser razones suficientes para abordar el programa de publicidad de Amazon, pero primero debes establecer algunos objetivos, así como un período de tiempo durante el cual planeas alcanzar esos objetivos.

Estrategias de SEO para mejorar tu clasificación en Amazon

Amazon cuida especialmente a las empresas con marcas registradas, proporcionándoles un lugar especial en la plataforma. Usando un programa llamado "Brand Registry" (registro de marca), que se muestra en Amazon; cualquier marca con una marca registrada puede enviar elementos al canal y bloquearlo (para protegerlo). Al hacerlo, está disminuyendo significativamente las posibilidades de que sus productos sean vendidos por un revendedor no autorizado, que podría vender productos falsificados o completamente diferentes y mostrarlos como suyos, una situación que puede causarles serios problemas. Este escenario puede sucederte en algún momento, pero debes asegurarte de que tu contenido sea de alta calidad y esté completamente optimizado.

Lo más importante que necesitas saber sobre Amazon es que esta empresa está orientada al cliente y está interesada en vender productos a estos consumidores para lograr satisfacción y lealtad. Cuando se trata de esta plataforma, otro factor importante a entender es que desempeña el papel de un motor de búsqueda, por lo que puedes comprar con Google. La principal diferencia entre Amazon y Google está representada por el algoritmo de búsqueda personalizado. El algoritmo de búsqueda de Amazon se llama A9, que está designado para esta plataforma de venta. La gente no aparece en esta plataforma para la investigación de productos solo para encontrar productos y leer reseñas sobre ellos, y esto es algo de lo que Amazon es muy consciente. La plataforma se ajusta constantemente y trata de llegar a productos más deseables, teniendo en cuenta que uno de sus principales objetivos es aumentar la tasa de conversión. Todo el proceso de hacer que la mercancía sea más visible en Amazon se llama SEO, que consiste en una gran cantidad de técnicas y estrategias para ajustar y optimizar el contenido. El objetivo principal es lograr mejores clasificaciones a través de la búsqueda orgánica y, por supuesto, obtener más y más ventas.

Al optimizar tu contenido para el listado de Amazon, deberás considerar:

- la calidad y cantidad de imágenes de productos;
- el título que debe contener; y
- el precio del producto.

Teniendo en cuenta la filosofía de Amazon cuando se trata de preocuparse por los clientes y venderles productos, puedes tener un gran éxito en esta plataforma. El algoritmo

A9 es una herramienta poderosa para mostrar resultados de acuerdo con las palabras o frases ingresadas por el comprador potencial (términos de búsqueda). Como ya se mencionó en este libro, la coincidencia entre los términos de búsqueda y el conjunto de palabras clave puede ser genérica, de frase o exacta. El algoritmo realmente muestra resultados que son lo suficientemente relevantes para el término de búsqueda. Últimamente, se modificó para mostrar resultados a pesar de que existan errores ortográficos. Además, el algoritmo de búsqueda también se desarrolla para mostrar variaciones, lo que puede resultar útil, ya que muestra resultados relevantes y similares para una variación simple.

Los aspectos más importantes que debes tener en cuenta al optimizar tus productos en Amazon son:

- Visibilidad
- Pertinencia
- Conversiones

Amazon reúne una gran comunidad de compradores y te ofrece la oportunidad (como vendedor) de exponer tus productos a esta comunidad. Estas personas también pueden ser tus clientes potenciales, pero necesitarán encontrar los productos que estás vendiendo antes de comprar cualquiera de ellos primero. Para buscar un producto, necesitarán una conducta de búsqueda, que es el método más importante y utilizado con frecuencia para encontrar productos en Amazon. Los compradores interesados escribirán palabras clave que puedan coincidir con tu título, descripción o cualquier información relacionada con tu producto. En este punto, el orden de los productos que se muestran está influenciado por factores como el precio, la coincidencia de texto, la disponibilidad, el historial de ventas y la selección. Para obtener una clasificación más alta en la lista de resultados, deberás proporcionar información completa y relevante sobre el producto. Naturalmente, esto llevará a que el producto aumente en visibilidad y aumenten considerablemente las ventas.

Existen tres enfoques diferentes cuando se trata de optimizar:

- enfoque de producto
- enfoque de rendimiento
- enfoque anecdótico

Enfoque de producto

El enfoque del producto es simplemente sobre la optimización de tu listado de productos. Lo primero es lo primero, deberás optimizar el título de tu listado. Este último debe contener todos los siguientes elementos: tipo, línea, marca, color, tamaño, material/característica clave, cantidad y empaque. El truco es cómo elegir el orden de estos elementos considerando las palabras clave adicionales. Nadie puede negar que la elección y el orden de las palabras clave pueden afectar seriamente la clasificación de la lista de productos. El título de un producto que se muestra en Amazon puede tener una cantidad diferente de caracteres, dependiendo de dónde se muestre. En la sección de búsqueda orgánica, tienes entre 115 y 144 caracteres; en la sección de anuncios patrocinados, tienes alrededor de 30-33 caracteres; y en las versiones móviles, aparece con 55-63 caracteres. [9]. A partir de esto, puedes aprender una lección muy importante ya que todos estos resultados te indican que pongas las palabras claves relevantes primero en el título. Al hacerlo, tu título será más práctico y relevante. Es muy recomendable tener una lista de palabras claves y colocarlas en el título antes de cada punto de ruptura de caracteres. Amazon enfatiza mucho la importancia de las marcas, por lo que está indicado comenzar con el nombre de la marca en el título.

Hay algunas herramientas que puedes usar para las palabras claves, pero los pasos principales que debes seguir para optimizar tu título se pueden encontrar a continuación.

a) Asegúrate de utilizar Magnet para realizar investigaciones sobre dos o tres de las palabras claves más populares aplicables a tu producto.

b) Intenta encontrar las palabras claves que utilizan tus competidores. Para descubrirlos, puedes ejecutar un "ASIN inverso extenso" utilizando el Inspector de palabras clave o la Herramienta de búsqueda ASIN.

c) Apunta a tus competidores con la mayor cantidad de reseñas. Obviamente, están en este negocio de vender en Amazon mucho más tiempo que tu, y es útil averiguar qué piensan sus clientes sobre los productos comprados a tus competidores.

d) Reúne de tres a cuatro conjuntos de datos, mézclalos y elimina los términos de búsqueda, que no son relevantes para tu producto. Luego, deberás escribir tu título en función de una frecuencia de frase de una o dos palabras.

Al poner palabras claves en el título, debes asegurarte de que el título sea legible y que no sea una compilación de palabras claves sin sentido. Ningún comprador se siente atraído por tal título. Para asegurarte de integrar palabras clave muy relevantes en tu título de forma natural, puedes usar herramientas como Helium 10 Scribble Tool. El uso de caracteres especiales puede ayudarte a agregar algo de estilo al título y dividir las frases de forma natural.

El uso de viñetas en tu título te ayudará no solo con la tasa de conversión o la relevancia, sino también con la clasificación del producto. Amazon valora el contenido de un producto bien estructurado, y los compradores aprecian mucho ese aspecto. El uso más común para las viñetas es presentar características o beneficios del producto. El algoritmo A9 indexa fácilmente las palabras que se muestran después de ellas, por lo que definitivamente es algo que debes tener en cuenta. Las palabras claves que no se utilizaron en el título deberían aparecer en la sección de viñetas. Puedes usar la herramienta Helium 10 Scribbles para mejorar el contenido de la sección de viñetas. Un buen uso de esta sección implica productos compatibles; en este caso, puedes ganar el premio gordo ya que tu producto puede mostrarse cuando un comprador está buscando el producto compatible que se muestra en la sección de viñetas, y las posibilidades de ventas pueden aumentar considerablemente. Aunque el primero no influye directamente en tu rango, todo lo mencionado anteriormente solo demuestra su importancia.

Nadie puede ignorar una gran historia. Si la descripción de tu producto se escribe como una historia, será más atractiva para los compradores. Usa algunas palabras claves en el texto (naturalmente, no forzado) y termina la descripción de tu producto con un llamado a la acción. Las expresiones como "Comprar ahora" o "Ordenar hoy" son lo suficientemente pegadizas como para agregarlas. Al crear tu listado de artículos, debes mantenerlo simple, por lo que es muy recomendable usar HTML simple. Sin embargo, has compilado una lista masiva de palabras claves porque no quieres perderte nada de los términos de búsqueda que escriben los compradores. Puedes usar los más relevantes en el título, la sección de viñetas y la descripción del producto, pero simplemente no puedes usarlos todos porque será algo feo y el texto no tendrá significado. En este escenario, deberás colocar las palabras claves restantes en el backend, fuera de la vista de los compradores. Las palabras claves que se muestran en esta sección no requieren estar separadas por una coma (solo usa el espacio), y no tienen que estar duplicadas (porque no deberían aparecer en ninguna otra sección del texto).

Enfoque de rendimiento

El enfoque de rendimiento trata sobre las estrategias utilizadas para obtener mejores clasificaciones. Los más importantes son las ventas y las reseñas. Nada aumenta tu rango como la venta: esta es la forma más poderosa de obtener una mejor posición en las listas de resultados de Amazon. Desde el principio, debes reconocer tu lugar en el mercado porque tu mercancía puede mostrarse en la página 18, y la mayoría de los clientes no están interesados en explorar más allá de la primera página de resultados. La pregunta que debe hacerte es: ¿Cómo generar ventas en este caso?

Tendrás que dirigir el tráfico interno y externo a tus listados. El tráfico interno puede lograrse mediante anuncios de Productos Patrocinados, mientras que las opciones externas se refieren a los anuncios en Facebook (u otros sitios web de redes sociales), Google AdWords, etc. Algunas estrategias en este caso (tráfico externo) pueden incluir publicidad en listados de Amazon, así como en las páginas de preventa. Otros métodos tratan con los anuncios para usar un código de descuento entregado por correo electrónico en la página restringida para el código de descuento de un solo uso opcional o publicidad en el embudo de ventas del producto.

El uso de un servicio de lanzamiento también es algo que puedes probar siempre mientras que no violen los términos y condiciones de esta plataforma. Viral Launch puede ser la herramienta adecuada para usar porque pueden ayudarte a subir el producto en la clasificación y a tener un excelente servicio de atención al cliente.

Siempre ayuda recordar que Amazon es una plataforma que valora la satisfacción del cliente; es por eso que las reseñas aquí son muy apreciadas por ellos. Obtener una gran cantidad de comentarios es probablemente la segunda herramienta más poderosa para impulsar tu clasificación en los listados de Amazon. A cualquier comprador le gusta estar completamente informado al hacer la compra; por lo tanto, conocer la opinión de otros consumidores relacionados con la mercancía puede influir en su decisión de comprar el producto. En el pasado, algunos comerciantes usaban métodos poco éticos para obtener más reseñas. Simplemente estaban pagando a las personas para que escribieran muchas críticas positivas en sus productos, para ser específicos. Amazon hizo todo lo posible para eliminar las reseñas falsas porque quieren evitar cualquier declaración falsa relacionada con los productos. (Aquí se ve lo mucho que se preocupan por sus compradores). En primer lugar, las revisiones son declaraciones sociales relacionadas con productos, y pueden proporcionar información valiosa al comprador potencial, lo que influye en que compren o no compren la mercancía. En segundo lugar, las reseñas están impulsando las clasificaciones. Todo el mundo quiere tener su producto en la primera página, pero tu puedes lograrlo obteniendo comentarios (reales). Desarrollar una relación cercana con tus clientes puede ayudarte a obtener más de eso. También puedes utilizar herramientas como Sales Backer y Feedback Genius para redactar correos electrónicos personalizados para que tus clientes reciban tus comentarios honestos después de comprar tu producto.

Enfoque anecdótico

El enfoque anecdótico incluye consejos y trucos sobre cómo optimizar tu contenido en esta plataforma. Estos son consejos que no están documentados por Amazon. Puedes encontrarlos a continuación:

a) Intenta usar el FBA.
b) No dudes en usar nombres de marcas en tus listados de productos.
c) No olvides incluir el nombre del vendedor.
d) Completa otros campos en la página de edición del producto.
e) Usa fotos de calidad para mejorar tu clasificación y tasa de conversión.

Oportunidades y desafíos

Desde el principio, debes establecer las expectativas correctas porque, hablando de manera realista, tu producto probablemente no se venderá como "hotcakes". Hay más de 400,000,000 millones de productos en Amazon, por lo que destacarse de todos estos productos no es una tarea fácil [10]. Deberás personalizar las estrategias para que tus productos sean notados por un mayor número de consumidores. Tienes que pensar en soluciones para generar tráfico a tus listados. Puedes usar Facebook, pagar por publicidad en Amazon o enviar correos electrónicos a tus clientes, informándoles de tu presencia en el mercado. Puedes encontrar algunos mitos o estrategias de venta en esta plataforma a continuación:

- **Canibalizando las ventas**

Este es un mito que, en la mayoría de los casos, no tiene ningún apoyo real. Muchas marcas están preocupadas de que puedan estar canibalizando las ventas de sus propios sitios web si están vendiendo en Amazon. Esta preocupación es simplemente falsa porque es difícil pensar en una marca que tenga una base de clientes más amplia que Amazon. Cuando tienes acceso a cientos de millones de consumidores, no hay otro lugar para estar que esta plataforma. Las ventas realizadas a través de esta plataforma probablemente serán más altas que las realizadas a través de tu propio sitio web. Si gastaste mucho dinero en publicidad a través de Amazon, lo más probable es que sea un dinero bien gastado porque recibirás ventas a diferencia de otras plataformas. El tráfico generado en Amazon está más allá de lo imaginable, y tienes la posibilidad de obtener una parte de este enorme tráfico en tu listado. No hay una mejor manera de hacer que tu producto sea más visible y aumentar tus ventas. No importa qué producto elijan los consumidores, Amazon gana de todos modos porque no le importa tu mercancía en particular, cuando probablemente hay diez productos similares y uno de ellos se venderá. Puedes elegir si deseas obtener una pequeña porción de un pastel enorme o el pastel entero de tu propio sitio. Hay muchas marcas que eligen ambas porque son conscientes del valor de Amazon. Pueden establecer esta plataforma como el principal canal de venta y luego el sitio web oficial como el mercado secundario. Además, algunos de ellos se han dado cuenta de que esto último es más para presentación que para venta, y Amazon es el lugar ideal si quieren tener ventas por las nubes. Si tus competidores ya están haciendo ventas en Amazon, entonces probablemente no deberías dudar en entrar a la plataforma.

Sin embargo, como vendedor no tendrás que apresurarte y saltar para hacer ventas en Amazon. Primero debes probar la plataforma para averiguar si funciona para ti o no. Puedes usar algunos productos al principio para seguir tu progreso y seguir de cerca su desempeño. Algunos especialistas llaman a esta estrategia como el "método de inmersión". Cuando llevas a cabo la mayoría de tus negocios a través de tu propio sitio web, y sientes curiosidad acerca de cómo Amazon puede trabajar para ti, se recomienda probar primero algunos productos en esta plataforma para verificar cómo funciona. La elección de la mercancía correcta para la venta ya se discutió en un capítulo anterior de este libro; después de considerar todos los consejos de ese capítulo, puedes probar algunos productos en Amazon. Prepararlos antes de venderlos también implica optimizar el contenido porque tener contenido de alta calidad es solo un paso para ayudar a impulsar las ventas y generar tráfico a tus listados. ¡Eso es correcto! Para tener resultados, ¡debes hacer este proceso correctamente! Aunque es una buena idea comenzar con uno o dos productos, tener una amplia variedad de productos en Amazon no es una mala idea, ya que definitivamente tendrás más clientes en esta plataforma que en tu sitio web. Como estás agregando tu mercancía a una base de datos donde ya hay 400,000,000 millones de productos (Wallace et al., 2019), debes hacer un esfuerzo adicional para generar tráfico y hacer que tus productos sean visibles para los clientes en Amazon y obtener ventas. Siempre debes tener en cuenta que ya hay más de 2,000,000 millones de revendedores externos en esta plataforma. Si consideras el 1% superior, todos saben cómo jugar este juego muy bien, y han estado ajustando su contenido y actualizando sus estrategias para aumentar las ventas. Dichos comerciantes entienden cómo obtener productos en Asia, recrear un producto, omitir marcas registradas y patrones, y desarrollar un producto similar al tuyo, pero los consumidores pueden ver su mercancía porque tienen una clasificación excelente. Mientras tanto, probablemente estés gastando alrededor de $100 por mes para atraer a 20 personas a tus listados.

El problema de los comerciantes no autorizados no desaparecerá por sí solo, por lo que deberás proteger tu marca de estas prácticas injustas. Ignorar el problema es exactamente lo que no se recomienda en este caso. Si no tomas medidas contra este problema, afectarás a todos tus canales de venta y eventualmente conducirás a la destrucción a tu negocio. Sin embargo, aunque enfrentas este problema, no significa que debas excluir a Amazon como un mercado onine, especialmente cuando tu competencia ya está presente en este sitio web. Probablemente realices tu negocio a través de tu canal y ten algunos distribuidores que generen algunas ventas. Si estás satisfecho con esta situación, estás perdiendo el panorama general. Amazon estará presente durante muchos años, y debes aceptar la idea de que algunos vendedores pueden estar buscando falsificar tus productos, pero este es un riesgo que deberás asumir para obtener beneficios a gran escala en esta plataforma. Si estás vendiendo fuera de Amazon, entonces probablemente algunos comerciantes en esta plataforma ya estén ganando más dinero que tu mientras venden una versión falsificada de tu producto. En este caso, debes acceder a esta plataforma lo antes posible y poner tu producto a disposición de todos los consumidores de Amazon.

Forma correcta de vender en Amazon

La situación ideal para una marca es tener un control total sobre los precios. Para lograr eso, también necesitan tener autoridad total sobre la distribución. Para poder hacer eso, tales empresas tienen un "as bajo la manga", una marca registrada adecuada que evitará cualquier reventa no autorizada (al menos legalmente).Sin embargo, si tu producto es lo suficientemente exitoso, visible y genera muchas ventas, entonces Amazon Retail ya podría estar considerando comprar tu producto. En ese sentido, se acercan a la marca directamente y negocian una venta masiva de esta mercancía. Estarán felices de vender un gran volumen de productos, aunque los mismos se vendan a un precio con descuento. Puede que Amazon Retail no esté interesado en obtener beneficios de la venta del producto; y que estén más interesados en satisfacer a los clientes.

Si ya estás comercializando artículos a través de Amazon directamente, también podrías considerar vender productos en la plataforma. Este modelo de negocio también se conoce como el modelo híbrido cuando algunos de ellos forman parte del catálogo de Amazon y también venden productos de forma independiente en esta plataforma. Para tus artículos más vendidos, hay muchas posibilidades de que Amazon encuentre una forma de obtener tu mercancía, ya sea que vaya directamente a tu distribuidor o busque un distribuidor en el extranjero (muy probablemente en China). No tienes control sobre los distribuidores, por lo que se lo deja fuera de la discusión y no puedes evitar que esto suceda. Un modelo exitoso es vender a Amazon directamente, así como también en la plataforma, ya que tendrás acceso a diferentes estrategias de marketing y es probable que obtengas ventas impresionantes.

Las herramientas de publicidad designadas para vendedores de primera y tercera parte tienen el propósito de generar tráfico a sus listados, lo que puede generar importantes ingresos. La única información que obtienes de ser un revendedor propio es la cantidad de unidades vendidas. Para revendedores externos, estas herramientas pueden ofrecer más detalles sobre las unidades vendidas de cada producto, junto con otra información valiosa, que puede ayudarlos a recopilar más datos sobre los consumidores. Como revendedor externo, puedes disfrutar de más flexibilidad y decidir jugar un poco con los productos que vendes. Puedes crear paquetes y hacer que los productos sean más atractivos para los clientes. El modelo híbrido es probablemente la mejor forma de hacer negocios en Amazon.

¿Cómo funciona la Buy Box (Caja de Compra) de Amazon?

Buy Box (o Caja de Compra) es la herramienta que puedes usar en Amazon para comprar tus productos. Más del 82% de las ventas totales en esta plataforma se realizan con este botón, y el porcentaje es aún mayor para las compras realizadas con dispositivos móviles. [11] Esta plataforma tiene más de 2,000,000 de revendedores que compiten entre sí y con Amazon. No todos los revendedores tienen la opción de usar la Buy Box porque la competencia es feroz, por lo que deben diferenciarse de alguna manera. La Buy Box se encuentra convenientemente en el lado derecho de la página de detalles del producto, donde los compradores simplemente pueden agregar al carrito los productos que desean comprar. Obtener la Buy Box es un privilegio ya que solo los revendedores con métricas sobresalientes tienen la oportunidad de obtener este codiciado premio. Tendrás mejores posibilidades de ganar esta característica si entiendes mejor que el resto de los competidores cómo funciona el algoritmo A9 para que puedas concentrarte en mejorar tu contenido. Con los años, las reglas han cambiado y la Buy Box se ha vuelto más exclusiva; es por eso que no muchos revendedores pueden beneficiarse de ella.

A medida que la competencia se hace más estricta, Amazon ha eliminado el botón de compra con un solo clic de los listados, donde el producto se muestra a un precio más bajo que su plataforma. En cambio, dichos listados se mostrarán como "Ver todas las opciones de compra".

Los vendedores tienen la opción de poner un precio a sus productos en esta plataforma, pero Amazon también tiene el derecho de excluir esa oferta si un artículo no tiene un precio competitivo. Los clientes pueden obtener diferentes listados de productos en una búsqueda específica, pero la mercancía con un precio no competitivo puede no mostrarse. Se eliminó un indicador métrico que se utilizó para ofrecer la Buy Box de la cuenta central del vendedor. En cambio, la opción se introdujo en la sección de nuevos libros, permitiendo a los libreros ir en contra de Amazon en esta área. La opción Buy Box se vio muy afectada por las guerras de precios que tuvieron lugar en Amazon el año pasado. Un estudio reciente muestra que existe un vínculo entre los altos precios, la revaloración algorítmica y la obtención de una Buy Box.

Es justo decir que una vez que optes por la Buy Box, no la tendrá para siempre, ya que puedes perder este privilegio en cualquier momento. Amazon pone a diferentes vendedores a competir entre sí, y determina cuánto tiempo el revendedor debe conservarla para un producto específico. Hubo situaciones en las que un vendedor mantuvo esta opción durante el 70% del día, dejando el 30% restante a otros revendedores. La regla general es que si un revendedor es más fuerte que el resto, todos compartirán la Buy Box.

Si tiene métricas medias, deberás concentrarte en un precio más competitivo. No existe una fórmula matemática que pueda guiarte a la hora de obtener la Buy Box.

Probablemente estés pensando:

- ¿No es esto aplicable solo si voy en contra de otros comerciantes externos?
- ¿Qué sucede cuando estoy compitiendo contra Amazon?
- ¿Amazon tiene sus propias métricas de rendimiento del cliente?

Aunque es muy difícil vencer a Amazon en este juego, no es imposible. Con excelentes métricas y precios muy bajos, tienes la posibilidad de compartir la Buy Box con ellos. Si te preguntas cuáles son los criterios para esta función, puedes encontrarlos a continuación:

- **Cuenta de vendedor profesional**

Simplemente puede ser elegible para la Buy Box si posees una cuenta de vendedor profesional (o lo que se llama en Europa como una cuenta Pro-Merchant). Los vendedores individuales (usuarios de cuentas básicas en Europa) también pueden acceder a esta función.

El estado de elegibilidad de la Buy Box se puede verificar en la cuenta de vendedor de Amazon.

Objetos Nuevos

Los vendedores de productos usados simplemente no ganan la Buy Box porque el artículo a la venta siempre debe ser nuevo. Todos los artículos usados se pueden comprar en una sección separada llamada Buy Used Box.

Disponibilidad

Necesitas tener el producto listado en el stock; de lo contrario, simplemente dirigirás la Buy Box hacia un vendedor diferente.

Dado que la uy Box es una opción temporal, deberás concentrarte en encontrar alternativas para vender en Amazon. Algunas otras ideas incluyen ir a otros vendedores en Amazon o la página de listados de ofertas. Estas dos técnicas pueden no ser muy rentables, pero siguen siendo creíbles y hacen que los productos sean lo suficientemente visibles.

La opción Otros vendedores en Amazon se encuentra debajo de la casilla Comprar y muestra tres listados distintos. Aunque no son tan obvios como este último, todavía hay excelentes alternativas para las conversiones.

El lugar de listado de ofertas es una página de destino donde puedes ver diferentes vendedores con productos específicos, a pesar de que no tienen la opción Buy Box. El orden de los listados está determinado por el precio de aterrizaje, que es la tarifa del producto más los costos de envío. Esta página también ofrece detalles relacionados con los comentarios, así como detalles de entrega y términos de reembolso.

En los últimos años, parece que la mayoría de las compras en Amazon se realizaron con dispositivos móviles. Solo en el período de vacaciones de 2016, el 72% de las compras se realizaron digitalmente, y esta es una tendencia en constante aumento [12]. En la versión móvil de la plataforma, la Buy Box se muestra directamente debajo de la imagen del producto. Hacer compras desde dispositivos de mano es un enfoque mucho más directo porque la versión móvil no muestra la sección Otros vendedores o

Lugar de listado de ofertas. Por lo tanto, solo muestra el producto conectado a la Buy Box. Eso significa que muchos vendedores no pueden tener su mercancía visible en la versión móvil de Amazon. Dado que la mayoría de las compras se realizan a través de teléfonos inteligentes o tabletas, obtener la Buy Box debería ser tu máxima prioridad.

Hay cuatro métricas que influyen en cómo un vendedor puede obtener la Buy Box: el método de cumplimiento de garantía (FBA), el Prime Fulfilled del Vendedor, el precio de aterrizaje y el período de entrega. Se considera que el cumplimiento de garanía de Amazon tiene las mejores métricas entre las variables y también es la forma más fácil de obtener la Buy Box. El cumplimiento por parte del vendedor (FBM) nunca podrá hacer eso; es por ello que nunca podrás vencer a la FBA. Seller Fulfilled Prime es una opción proporcionada por Amazon para los revendedores de FBM con mejor rendimiento, que prácticamente les ofrece los beneficios de la membresía de Amazon Prime. Seller Fulfilled Prime puede ser muy ventajoso para este tipo de vendedor, ya que tienen un control absoluto sobre su envío (evitando las tarifas de la FBA) y tienen posibilidades significativamente mayores de obtener la Buy Box.

El precio de aterrizaje representa la suma entre el costo del producto y los costos de envío. La regla general, en este caso, es que cuanto más bajo, mejor. Es decir, los precios de aterrizaje más bajos mejorarán tu oportunidad de obtener la Buy Box. Sin embargo, hay algunas excepciones si tienes excelentes métricas de rendimiento. Por ejemplo, puedes tener un precio de aterrizaje más alto que tu competencia y aún así obtener la Buy Box. Si otros competidores tienen mejores métricas que tu, un precio más bajo puede ayudarte a obtener la Buy Box. Cuando se trata de plazos de entrega, los plazos de entrega más bajos aumentarán tus posibilidades de obtener la Buy Box. Si puedes hacer la entrega dentro de las 48 horas, entonces eres elegible para esta opción.

Otras métricas aún pueden afectar tus posibilidades de obtener la Buy Box. Incluyen la entrega a tiempo, la tasa de envío tardío, la tasa de defectos del pedido, la tasa de seguimiento válida, el puntaje de tus comentarios, el número de comentarios y el tiempo de respuesta al cliente. Las métricas con el menor impacto en la Buy Box son la tasa de cancelación, la tasa de reembolso y la profundidad del inventario.

Cuando utilizas la plataforma de Amazon, expones tus productos en un entorno muy competitivo y necesitas ajustar tus precios y siempre vigilar los precios de los competidores. Existen tres métodos distintos para ajustar las tarifas en esta plataforma.

a) La revaloración manual en realidad significa ajustar manualmente los precios de cada ASIN. Puede ser la mejor opción para los revendedores de artesanías y productos hechos a mano, pero puede no ser la mejor alternativa en caso de que vendas productos competitivos.Cuanto más grande sea tu negocio, más ineficiente y lento será este método.

b) La revaloración basada en una regla es un método que implica analizar el precio de tus competidores y ajustar tus precios de acuerdo con las reglas establecidas previamente. Puedes elegir tener un precio más bajo que tus rivales en una cierta cantidad o apegarse al rango de precios bajos. Incluso si se puede considerar que es mejor que la revaloración manual, todavía tiene algunos defectos importantes.

El método es un poco limitado porque solo estás mirando los precios de tus competidores, así como la cantidad de tiempo que dedicas a establecer las reglas. También existe la posibilidad de que las reglas entren en conflicto entre sí, y esto constituye una gestión más excesiva. Esto puede ser una pérdida total de tiempo si tus competidores tienen mejores métricas y obtienen la Buy Box, lo que significa que pueden pagar precios más altos. Una consecuencia devastadora del uso de este método es la guerra de precios, que puede arrastrar los premios, disminuir las ganancias o incluso crear pérdidas para aquellos involucrados en esta guerra.

c) La revaloración algorítmica es una forma muy buena y sofisticada de cambiar el precio de tus productos, ya que tiene en cuenta todas las variables posibles que pueden influir en tus posibilidades de obtener la Buy Box. Simplemente monitorea muchos factores importantes y te asegura de que tu precio sea sostenible y capaz de generar ganancias sin afectar tu oportunidad de obtener la Buy Box. Hasta ahora, esta tecnología de software ha brindado los mejores resultados y ROI para los vendedores, y también implica mucho menos esfuerzo. Aunque esta es, con mucho, la opción más costosa para fijar precios, todavía se puede usar si apuntas alto o obtienes grandes ganancias.

No hay un método garantizado para obtener la Buy Box; en cambio, viene con un montón de métricas que afectan tus posibilidades de obtener este privilegio. Como se mencionó anteriormente, las más importantes son el cumplimiento por parte de Amazon, el primer vendedor, el precio final y el período de entrega. Mejorar tu servicio de atención al cliente y encontrar la mejor práctica para ajustar tus precios puede aumentar significativamente tus posibilidades de obtener la Buy Box.

Capítulo 5: ¿Cuáles son las mejores formas de lanzar tus productos?

Las reseñas son extremadamente importantes

Uno de los factores más influyentes cuando se trata de ventas son las reseñas. Si la optimización y la publicidad juegan un papel decisivo para hacer que el producto sea más visible y aumentar el ranking, las reseñas son responsables de aumentar la tasa de conversión. Los compradores buscan constantemente información sobre una mercancía, después de todo. Tener una descripción del producto bien estructurada es una gran ventaja porque los compradores pueden encontrar detalles importantes relacionados con los productos, como especificaciones y una descripción bien escrita. Si puedes escribirlo como una historia, es una gran ventaja. Lo que también quieren encontrar es la opinión de otros compradores con respecto a tu producto. Las reseñas son declaraciones sociales válidas relacionadas con tu mercancía; en muchos casos, los compradores los consideran los más confiables. Algunas cosas que puedes ver en los comentarios de un cliente son:

- experiencia de usuario
- experiencia de envío
- calidad del producto

A los especialistas en reseñas les gusta escribirlas como una lista de ventajas y desventajas. Por lo general, cubren los puntos mencionados anteriormente, principalmente si el producto es fácil de usar y cumple con las expectativas del cliente relacionadas con la calidad y el diseño, junto con el proceso de entrega en sí. A medida que los usuarios aparecen en esta plataforma con una clara intención de comprar productos, las revisiones son más influyentes al tomar la decisión de comprar un producto, suponiendo que la descripción y las especificaciones ya cumplen con los requisitos del comprador. Cuantos más comentarios recibas, más probable será que se venda tu producto. El algoritmo A9 considera que las reseñas son extremadamente importantes y las indexa en consecuencia. Tan pronto como recibas tu primera reseña, esto significará un impulso impresionante en las clasificaciones. Si llevas a cabo tu negocio en un nicho con menos competencia, alrededor de 10 a 20 ventas deberían garantizar un lugar para tu producto en las dos primeras páginas. Algunos vendedores se dieron cuenta de la importancia de las reseñas y trataron de obtenerlas "artificialmente" pagando a las personas para que escribieran reseñas de productos. Amazon no acepta esta práctica porque crea una imagen falsa de una mercancía frente a los clientes. Tienen términos y condiciones extremadamente estrictos relacionados con esta práctica, pero a pesar de ello puedes encontrar algunas herramientas para obtener reseñas honestas. Los clientes son lo primero en la vista de Amazon; es por eso que se están enfocando en lograr su satisfacción y protegerlos de productos de baja calidad. Si los compradores siempre consultan las reseñas cuando compran una mercancía online, los vendedores también deberían hacerlo para mejorar la calidad de sus productos y servicios. Al escuchar a tus clientes (y a los consumidores de tus competidores), puedes ajustar y personalizar tus productos y servicios de acuerdo con las necesidades de tus clientes. Las ventas pueden ganar a algunas personas una vez, pero el servicio al cliente y la calidad de tu producto te brindarán su lealtad absoluta. Si consideras a Amazon Retail, la mayoría de sus consumidores solo usan esta plataforma para comprar una amplia gama de productos. No necesitan buscar en ningún otro lugar porque están extremadamente satisfechos con los servicios y productos proporcionados por Amazon. En una escala más baja, esto es lo que necesitas apuntar. Además, respetar la "voz" de tus clientes expresada a través de las reseñas sin duda puede ayudarte a lograr este objetivo.

Encuentra algo para impulsar tus ventas iniciales

Consideremos que eres completamente nuevo en Amazon y deseas ganar un buen dinero vendiendo productos de alta calidad a diferentes compradores. En este punto, tienes los listados preparados, tu contenido está optimizado con palabras claves utilizadas de manera natural y tienes fotos muy artísticas, bien estructuradas e informativas. Sin embargo, todavía te falta ese algo especial para activar tus primeras ventas. Sabes que Amazon te cobrará de todos modos por tu inventario, independientemente de si realizas ventas o no. Como te encuentras en esta plataforma para vender productos, no puedes permitirte perder tiempo, por lo que necesitas ventas para comenzar a andar de inmediato. Para lograr este objetivo, además de optimizar tu contenido, deberás considerar usar Amazon Advertising para generar tus primeras ventas, particularmente la campaña de anuncios de Productos Patrocinados. Esto implica establecer puntos especiales de compra, que son extremadamente visibles en la primera página de resultados. También se llama Amazon PPC porque colocará tu producto en ese lugar especial y pagarás por cada clic que se haga en tu producto. Dado que es muy probable que los usuarios estén interesados en comprar, no pierden el tiempo al hacer clic en dicho anuncio. Si les gusta lo que ven, definitivamente comprarán un producto. También debes configurar tu presupuesto diario, que cubrirá una cantidad limitada de clics. Esta herramienta es tu mejor oportunidad de obtener tus primeras ventas, ganar tu primer dinero en Amazon y comenzar tu viaje a la cima de las clasificaciones. Todos los detalles importantes relacionados con este procedimiento se pueden encontrar en el capítulo anterior de este libro.

Cupones de Amazon

Es realmente difícil rechazar un producto que viene con un descuento, especialmente cuando ya estás interesado en él o es similar a los artículos en los que estás interesado. Una estrategia de venta interesante es vender los primeros productos a un precio menor para atraer a más compradores hacia tu producto. Por supuesto, simplemente no puedes vender todo tu inventario existente a una tasa reducida; por eso es importante establecer una cantidad limitada de artículos que deseas vender para dar un descuento. Esta es una buena manera de hacer que los clientes potenciales conozcan la mercancía de tu marca. El tráfico en Amazon también puede ser generado por fuentes externas, como las redes sociales o el sitio web de la empresa. Puedes publicar un anuncio en Facebook o enviar correos electrónicos personalizados a tus clientes desde la base de datos que ya tienes para anunciar tu presencia en Amazon y ofrecerles ofertas especiales. Puedes endulzar el trato lanzando un cupón de Amazon designado para proporcionar un descuento en uno de los productos enumerados en la plataforma. Si esperas obtener tus primeras ventas usando este proceso, y digamos que tiene algunos cupones de Amazon para regalar, entonces necesitas trabajar intensamente en esta campaña de marketing. Después de todo, tu presentación necesitará llegar a más y más clientes potenciales para ser muy efectiva. Depende de ti elegir tu disparador de ventas predeterminado: si deseas anunciarte a través de las redes sociales, enviar muchos correos electrónicos a tus clientes existentes, regalar cupones de descuento o elegir la opción Amazon PPC. La publicidad en la plataforma puede llegar a un mayor número de clientes en comparación con el uso de fuentes externas y la oferta de cupones.

Seguimiento para recibir comentarios

La venta más efectiva es la que genera comentarios porque crea todas las condiciones necesarias para ascender en las clasificaciones, aumentar la visibilidad del producto y, finalmente, generar otras ventas. En los viejos tiempos del comercio, las ventas también se realizaban mediante recomendaciones. El "boca a boca" se difundió, y cada vez más personas conocían un producto específico y sus ventajas. En otras palabras, las ventas desencadenaron otras ventas. Las cosas son casi iguales cuando se trata de plataformas de venta online, considerando que las revisiones y los comentarios son métodos probados para producir más ventas. La situación ideal es obtener después de cada venta, pero es realmente difícil pensar en un vendedor que haya logrado este rendimiento. Las revisiones y comentarios aumentan la popularidad del producto y el conocimiento de la marca, y es más probable que los compradores compren artículos famosos porque ya se consideran confiables. Un buen consejo es hacer un seguimiento con el cliente para averiguar qué piensa sobre la mercancía. A los ojos de los compradores, después de todo, demuestras que te preocupas por ellos y que estás dispuesto a hacer un esfuerzo adicional para satisfacer sus necesidades. Esta es la forma de obtener comentarios y críticas positivas, que es algo que Amazon y los usuarios que están presentes en esta plataforma aprecian mucho. Otra buena idea es comentar directamente la opinión de un cliente, agradeciéndoles su opinión.

Capítulo 6: ¿Cómo pueden ayudarte los anuncios de AMS?

Desde el principio, debe comprender qué significa AMS Ads. Literalmente significa anuncios de Amazon Marketing Services, un servicio que ya se ha integrado en los métodos de publicidad de Amazon. Colocar anuncios en la plataforma se basa en la técnica de costo por clic (CPC), lo que implica que cada clic realizado por los usuarios equivaldrá a algo. Puedes establecer el valor mínimo del clic en $0.02 o más o hacer que tu presupuesto diario o de campaña sea tan bajo como $1 o $100, respectivamente. Dependiendo de tus necesidades, puedes subir mucho más que eso, pero es importante gastar el dinero sabiamente utilizando la oferta estándar o la opción Bid + (que ya se discutió en un capítulo anterior del libro).

Los anuncios de Amazon Marketing Services son anuncios disponibles para vendedores que no tienen una cuenta central de vendedor. Este último te permite tener anuncios de productos patrocinados y usar palabras clave manuales y de target automático para promocionar tu mercancía. Muchos especialistas de Amazon recomiendan ambos, aunque se centran más en los manuales. Se puede acceder a los anuncios de AMS a través de una Cuenta Central de Vendedor y te permite usar las palabras claves de target manual solo para las campañas, lo que muestra la diferencia más significativa entre ellas. Si los anuncios de Productos Patrocinados están disponibles en varios otros mercados, los anuncios de AMS son simplemente accesibles en los Estados Unidos, el Reino Unido y, más recientemente, en Canadá.

Los anuncios de AMS se basan en la copia de anuncios, que es una técnica específica basada en palabras claves para generar más tráfico a tu sitio web. De todos los lugares donde puedes colocar un anuncio utilizando este método, la búsqueda de titulares y los anuncios de productos de visualización son probablemente los más importantes. El primero se muestra en la parte superior de la página, justo encima de los resultados de la búsqueda orgánica. Es una coincidencia exacta o casi exacta de un término de búsqueda introducido por el consumidor. En otras palabras, lo que él o ella escribe debe aparecer en tu título. Puedes generar tráfico a tu página de marca, la página de productos más vendidos o un enlace personalizado. El propósito de los anuncios es producir menos fricción; por eso es una campaña basada en productos. Se recomienda atraer el tráfico a un enlace personalizado donde el comprador puede encontrar el producto exacto que está buscando. La tasa de conversión debería ir por las nubes con esta opción porque este es un tipo muy útil de campaña dirigida.

Otro lugar interesante son los anuncios de visualización de productos, que pueden aparecer en la página de tus competidores, justo encima del cuadro Comprar. En términos más simples, esta opción debería mostrar un enlace a tus productos justo cuando el comprador está a punto de comprar el producto de tus rivales. Si lo deseas, puedes configurar esta campaña para que se base en los intereses para que muestres a los consumidores los otros productos relevantes que puedan necesitar. Esta estrategia puede reducir tu tasa de conversión, pero debería poder ayudarte a vender otros artículos. Los anuncios de AMS se lanzaron en 2012, pero en estos días están cambiando su nombre a Amazon Advertising Console.

Capítulo 7: Configuración de una cuenta de AMS Ads en UK

Como se mencionó anteriormente, los anuncios de Amazon Marketing Services se nombraron recientemente como Amazon Advertising Console. Las características básicas se pueden encontrar en el capítulo anterior. Muchas de las cuentas de este servicio son administradas por agencias que trabajan para proveedores específicos. Están altamente calificados y pueden ejecutar campañas publicitarias para varios vendedores de manera eficiente. Sin embargo, para crear una cuenta con estos anuncios de AMS en el Reino Unido, deberás seguir los siguientes pasos:

1) Vé a https://advertising.amazon.co.uk/.
2) Haz clic en Registrarse.
3) En la sección Productos patrocinados y Marcas patrocinadas, puede seleccionar "Represento a un proveedor" (suponiendo que eres una agencia que trabaja para el proveedor).
4) Se te pedirá que crees una cuenta de Amazon. Es recomendable utilizar un correo electrónico de trabajo.
5) A continuación, debes completar la sección de detalles con información como nombre de marca, nombre de contacto, correo electrónico, número de teléfono y código de proveedor.
6) Después de enviar los detalles, tomará hasta 48 horas que se apruebe la cuenta. Se te informará por correo electrónico cuando finalice el proceso de aprobación, y luego podrás comenzar a acceder a la cuenta.

Una vez que tengas acceso a la cuenta, deberás administrarla mediante los siguientes pasos.

1) Solicita al proveedor que inicie sesión en esta cuenta.
2) A continuación, selecciona "Administrar usuarios" ubicado en el menú desplegable debajo del nombre de la cuenta.
3) Luego, aparecerá la opción "Invitar a un nuevo usuario", que debes completar.
4) Pronto, deberían recibir un correo electrónico con la invitación a la cuenta, para acceder a ella. En la sección "Administrar usuarios", puede eliminar usuarios si lo deseas.

Capítulo 8: ¿Cómo aprovechar al máximo Amazon para tu negocio?

La venta de tus propios productos de marca privada es probablemente la mejor opción que puedes tener en el FBA para obtener el mayor éxito. Tener esta opción protege tu inventario de otros comerciantes que venden productos falsificados porque reducirá significativamente las posibilidades de que tu mercancía se mezcle con el inventario de otros revendedores, lo que puede no ser siempre confiable.

Primero debes comprender qué son estos productos de marca privada y cómo pueden ayudarTE. Representan bienes o servicios desarrollados por una compañía, que son marcados y vendidos por otras compañías. Esta es una práctica popular entre los grandes minoristas, como Target's Mainstays, Walmart's Great Value Brand y Amazon Essentials. No solo los artículos físicos pueden considerarse productos de etiqueta privada; incluso varios tipos de servicios pueden considerarse como tales. Asociar el FBA con esta función puede crear una de las herramientas de comercio electrónico más poderosas que puedes obtener online, y no podrías desear algo mejor.

Puedes encontrar nueve de los pasos más importantes para el éxito utilizando este método a continuación.

1) Lluvia de ideas sobre productos

Tendrás que tener en cuenta que las ideas pueden venir de cualquier parte, por lo que no tienes que ignorar ninguna fuente potencial. Es muy recomendable verificar todo tipo de tiendas en busca de productos populares y luego realizar una investigación de mercado para descubrir si los artículos en cuestión pueden tener un éxito instantáneo online. Puedes verlo visiblemente de esta manera si dicho producto puede ser una oportunidad para ti. Amazon siempre puede ser una muy buena fuente de inspiración, ya que tienen una sección dedicada conocida como "Nuevos Lanzamientos". Además, puedes buscar en profundidad en todas las categorías y subcategorías y consultar la oferta de otros comerciantes en Amazon. Internet también es una fuente infinita de ideas (especialmente las redes sociales, donde puedes encontrar cosas bastante interesantes y virales), definitivamente es una cosa que no debes ignorar.

2) Ten en cuenta los atributos del producto.

Debes tener en cuenta los requisitos que debe cumplir el producto para convertirse en un éxito de ventas. Aunque pueden ser diferentes de una categoría o subcategoría a otra, las ideales son:

- **Poco y con bajo peso**

El producto debe caber en una caja pequeña con las dimensiones de 8 11/16 "x 5 7/16" x 1 ¾ ". No debe ser más pesado que una o dos libras. Al cumplir con estas reglas, el transportista no te cobrará un cargo adicional cuando envíes el producto desde el fabricante o cuando lo envíes al Centro de Cumplimiento de Amazon.

- **Que no tenga estacionalidad**

Las ventas de tu producto no deben verse influenciadas por ninguna temporada. Algunos productos de temporada pueden incluir ropa de invierno, árboles de Navidad y decoraciones o regalos de San Valentín.

- **Sin mayores controles**

Debes centrarte en vender productos que no requieran ningún papeleo especial y adicional para ser importados y vendidos en Amazon. Los juguetes tienen una situación muy complicada porque son difíciles de importar y vender. Por lo tanto, es importante quedarse con una mercancía que sea fácil de fabricar y distribuir.

- **Fácil de manejar**

Tendrás que pensar también en el proceso posventa si vendes productos complicados como productos electrónicos, ya que manejar el servicio al cliente (la parte no cubierta por Amazon) puede ser muy desafiante.

3) Realizar estudios de mercado

El paso 3 implica realizar una investigación de mercado sobre los productos que has descubierto que son populares y averiguar si vale la pena vender estos artículos o no. Lo bueno en este caso es que no tienes que hacer hojas de cálculo manualmente. Esto te ahorra mucho tiempo y energía. Hay algunas herramientas que son extremadamente útiles para este proceso. Uno de ellos es la extensión Jungle Scout Chrome.

Para que funcione, puedes comenzar realizando una búsqueda de productos en Amazon utilizando tu propia idea de un producto. Abre la extensión de Jungle Scout Chrome desde la derecha de la barra de búsqueda/dirección haciendo clic en el botón "JS" (considerando que ya compraste y descargaste la extensión en Google Chrome). Verifica los datos relacionados con la mercancía, como las estadísticas que muestra esta herramienta, las revisiones promedio por producto o las ventas mensuales promedio.

Depende de ti establecer los criterios que debe cumplir el producto. Algunos especialistas probablemente buscarían artículos que tengan ventas entre 250 y 400 unidades por mes. Sin embargo, no debes entrar en una competencia feroz, por lo que deberás verificar la cantidad de reseñas de un producto. Si el número promedio de estas reseñas para un producto de este tipo es inferior a 100, entonces este es el nicho de mercado en el que debes realizar negocios.

4) Descubre todo lo que hay que saber sobre los fabricantes y proveedores de productos.

Una vez que hayas determinado que vale la pena vender el producto, debes averiguar de dónde puedes obtenerlo. Para ser competitivo, debes tener costos de adquisición muy bajos; por eso es importante conocer a proveedores y fabricantes que pueden vender productos de calidad a precios más bajos. Hoy en día, todos van a China en busca de artículos o materias primas de bajo precio. Afortunadamente, Alibaba puede conectar fácilmente proveedores y fabricantes de China con comerciantes de todo el mundo. La plataforma es lo suficientemente segura para usar, teniendo en cuenta que todos los productores se verifican antes de poder trabajar en esta plataforma.

Para obtener proveedores para tus productos de marca propia, debes seguir los siguientes pasos:

1. Regístrate con una cuenta de comprador en www.alibaba.com.
2. Realiza una búsqueda exhaustiva del producto que estás buscando. No te preocupes por la complejidad porque esta plataforma funciona como Amazon.
3. Obtén los listados que desea.

4. Pónte en contacto con el proveedor o fabricante del producto y solicite más información relacionada con el producto. Definitivamente, debes averiguar el precio por unidad para pedidos al por mayor (por ejemplo, 500 artículos), así como si los artículos se pueden enviar a tu ubicación. Si es así, debes consultar el precio de este servicio, los términos y métodos de pago aceptados y otras opciones personalizables.

5) Trabaja en tu diseño, logo y empaque

Este aspecto no es diferente de tu tarjeta de presentación porque debes dedicar tiempo e involucrarte en este proceso. Si no tienes ninguna habilidad o herramienta de diseño gráfico disponible, siempre puedes pedirle a un profesional independiente que lo haga por ti. Subcontratar el diseño y la parte del logotipo a otra persona puede ser una muy buena idea, ya que necesitas tenerlos originales. Después de todo, estás creando una marca. Al hacer el embalaje, es posible que desees considerar agregar algunos datos de contacto para mejorar tu servicio de atención al cliente.

6) Decidir sobre el método de cumplimiento

Dependiendo del volumen de ventas que esté experimentando, puede seleccionar entre Cumplimiento por comerciante (FBM) y Cumplimiento por garantía de Amazon (FBA). Si buscas un alto volumen de ventas, entonces la segunda es tu mejor opción. Esta hace que tu mercancía esté disponible para los miembros Prime, que se consideran los grandes gastadores y los compradores más frecuentes en esta plataforma. Además, es fácil obtener mejores clasificaciones utilizando este método.

7) Contratar a un fabricante o proveedor

En este punto, ya conoces muchos aspectos de tu negocio, incluidas las ofertas de posibles proveedores o fabricantes de Alibaba. Los aspectos más importantes para monitorear al comienzo de la relación con tu nuevo proveedor son el tiempo de entrega, el estado de la muestra a la llegada y la facilidad de comunicación al rastrear la entrega. Estas áreas son probablemente más importantes que el costo en sí mismo porque el proveedor con el costo más bajo probablemente no proporciona la mejor calidad de la mercancía o no es muy comunicativo cuando se trata de procesar los artículos. También puedes negociar un precio más bajo con el proveedor que has seleccionado, motivando el precio más bajo ofrecido por otros de tus competidores. Luego, puedes acordar los términos y métodos de pago. PayPal es un método frecuentemente aceptado para proveedores en Alibaba.

8) Crea tus listados en Amazon

Una vez que tengas un contrato con un fabricante en el que confías, debes considerar alrededor de tres a cuatro semanas hasta que obtengas los productos de ellos. Es posible que también debas asignar al menos un par de semanas, teniendo en cuenta que es el tiempo que tardan los artículos en enviarse al Centro de cumplimiento. Por lo tanto, debes procesar todo de cuatro a seis semanas, lo cual es más que suficiente para crear tus propios listados en Amazon. No puedes hacer esto sin tener todos los materiales listos para ser publicados o lanzados por adelantado.

Además, asegúrate de tener fotos de la más alta calidad. Si no tienes el equipo o las habilidades para hacerlo, debes contratar a un fotógrafo profesional para tus productos.

Otro aspecto importante es integrar las características claves del producto en tu campo de descripción y sección de viñetas. Tener una descripción claramente estructurada que contenga palabras claves de manera natural hará que el producto sea mucho más atractivo a los ojos de los consumidores, así como influirá en ellos para que compren tus productos después de hacer clic en tu enlace. Si tu producto de marca privada cumple con tus necesidades y expectativas, lo más probable es que estos consumidores compren tus ofertas.

9) Nunca dejes de optimizar tus listados

El objetivo final de tu marca es obtener una clasificación más alta en el mercado y aumentar seriamente tus ventas. Es tu trabajo, por lo tanto, asegurate de que los productos sean más visibles que nunca en la plataforma de Amazon para obtener clientes más leales. Los anuncios de productos patrocinados son probablemente la herramienta más poderosa para atraer tráfico a tus listados, pero también necesitas ajustar tu contenido con las mejores palabras clave posibles para obtener más visitas y ventas (conversiones). Hay muchas herramientas para descubrir las palabras claves que utilizan tus competidores, así como para descubrir cuáles son las más populares. Una vez que te hayas dado cuenta de cuáles son estos términos, deberás probarlos utilizando diferentes métodos. La prueba dividida (o comúnmente conocida como prueba A/B) es una de las técnicas comunes para descubrir qué funciona y qué no.

Entre los aspectos más importantes cuando se utilizan productos de marca propia en esta plataforma se encuentra el precio. Muchos vendedores se centran en proporcionar las tarifas más bajas, pero esta estrategia puede ser un gran error. Tener el precio más bajo no necesariamente garantiza más ventas, pero si puede reducir tu margen de beneficio y darte menos beneficios para reinvertir en el futuro. En su lugar, debes hacer que tus productos sean más visibles y accesibles para los clientes a través de otros métodos. Por ejemplo, el empaque, el diseño, el lenguaje de marketing utilizado en el título y la descripción, y la experiencia de servicio al cliente. Como regla general, deberás tener el precio un 20% más alto o más bajo que el precio promedio que muestran tus competidores. Si el precio promedio es de $25, entonces no debes vender a más de $30 o menos de $20 [1]. Al respetar esta regla, definitivamente aumentará tu tasa de conversión.

Obteniendo más y más reseñas

Nunca se puede decir que tiene suficientes reseñas, considerando que vender en Amazon es una competencia constante para vender más y obtener la máxima cantidad de reseñas. No sorprende que las personas compren los artículos con las críticas más positivas en Amazon. A menudo son escépticos acerca de probar un producto completamente nuevo, uno totalmente diferente a los otros productos a los que estaban acostumbrados. Necesitan más información y seguridad al respecto. Las revisiones desempeñan el papel de prueba social, ya que implica que alguien ya ha probado el producto y que ha expresado su opinión al respecto. Después de revisar todas las reseñas, pueden echar un vistazo sobre la calidad y las características de la mercancía. Menos reseñas también significan más riesgos porque esos comentarios no pueden proporcionar suficiente información para ayudar a un comprador inteligente a tomar una decisión. Conseguir revisiones más honestas debería ser tu principal prioridad como vendedor, por lo tanto, también puedes establecer las expectativas correctas para los futuros compradores.

Amazon es una plataforma orientada a las reseñas. Valora a los clientes y sus opiniones más que nada. Una forma saludable de hacer crecer tu negocio en el mercado es pedirles a los consumidores que dejen una reseña a un producto después de cada venta. A cambio, debes recompensarlos por expresar su opinión sobre el artículo. La optimización de SEO es imprescindible en esta plataforma porque el entorno es extremadamente competitivo y la mayoría de los productos aquí tienen descripciones, reseñas, productos alternativos sugeridos y precios.

Comprender cómo funcionan los precios en Amazon es un aspecto clave que puedes usar a tu favor. Ejecutar campañas de descuentos especiales de vez en cuando con ofertas muy atractivas puede aumentar el conocimiento de tu marca y atraer a más consumidores a comprar tus productos. Centrarse en descuentos ocasionales, obtener las mejores críticas y optimizar tu contenido para fines de mejorar la SEO garantizará tu éxito.

No hay nada más influyente para los clientes que una cantidad impresionante de críticas positivas. Esto es lo que impulsa las ventas en la plataforma de Amazon. Si tu producto aparece alto en los resultados de búsqueda, entonces existe una gran posibilidad de que también se venda. Por supuesto, obtener más ventas y reseñas es el objetivo final, pero cómo lograr este objetivo es aún más importante. También se proporciona una retroalimentación para los artículos que envías de forma gratuita, y probablemente sean positivos en todos los casos. Puedes dirigirte a los influencers y escritores de reseñas de confianza y proporcionarles grandes descuentos a cambio de una reseña. Están dispuestos a proporcionar una opinión objetiva sobre el producto y publicarlo en la plataforma para que los clientes también puedan descubrir los comentarios de los expertos.

Generando ventas en Amazon

Aunque vender tus productos en Amazon con tu marca puede significar mucho a los ojos de los compradores, eso aún no es suficiente. Debes promocionar tu mercancía y contenido mediante la implementación de campañas de marketing diseñadas para influir en el hábito de compra de los clientes. Sin publicidad, no eres visible; por eso es importante publicar tus productos en la prensa o en las redes sociales. Una buena opción para aumentar las ventas en Amazon es utilizar una variedad de estrategias de marketing para atraer tráfico a tus listados y centrarte menos en la publicidad pagada. Usa sitios de redes sociales y foros para dirigir el tráfico de cientos de visitantes a tus productos listados.

Establecer los precios correctos

Debes mantenerte alejado de los precios estratégicos para protegerte de ellos. Por lo tanto, cuando enumeres tus productos en Amazon, los clientes sabrán que el precio se mantendrá en un cierto nivel y no tendrá fluctuaciones espectaculares. El etiquetado personalizado puede ser muy útil, ya que puede ayudarte a clasificar los artículos por tarifas. También puedes descartar la cantidad de productos que desees y evitar que tus clientes elijan otros vendedores al ofrecer precios más baratos por la mercancía que también venden ellos. Todavía puedes adelantarte a tu competencia al no reducir la tasa a un nivel que ya no sea sostenible para ti.

Conceptos básicos de Amazon

Expandir tu negocio en Amazon puede ser muy complicado; es por eso que debes ser muy cauteloso antes de continuar. Para ser específico, debe asegurarte de tener los recursos necesarios para manejar pedidos adicionales, por lo que debes pedir más a tu proveedor. Es crucial cómo manejas tu inventario, así que asegúrate de utilizar las herramientas adecuadas para realizar un seguimiento exitoso de tu mercancía. Debes evitar vender artículos que también están agotados o que no se entreguen a tiempo. De lo contrario, generarás malas críticas de parte de tus clientes, e incluso puedes terminar con tu cuenta de Amazon suspendida. Un buen consejo es crear una asociación con otras marcas o utilizar Amazon como un mercado de prueba para nuevos productos. En este caso, puedes asociarte con clubes deportivos, por ejemplo, para desarrollar una línea de productos de marca que solo se pueden encontrar en Amazon.

Capítulo 9: Preguntas frecuentes

¿Qué representa Fulfillment by Amazon?

Fulfillment by Amazon (FBA) es una opción muy interesante que ofrece esta plataforma, que puede ayudar a los comerciantes a impulsar su negocio aprovechando la experiencia y los recursos de Amazon, el envío rápido, gratuito y confiable, y los excelentes servicios de atención al cliente. Al elegir esta opción, puedes enviar tu inventario a los almacenes de la plataforma (centros de despacho de pedidos) para que puedan almacenarse allí y luego dejar todo a Amazon, incluida la recolección, el embalaje y el envío de los pedidos de tus clientes.

El FBA es elegible para todas las categorías y subcategorías de productos que aparecen en la cuenta de vendedor de Amazon. También está disponible para cualquier revendedor que tenga curiosidad por probarlo. El límite de peso máximo para este programa es de 30 kilogramos por producto, por lo que este es un requisito que debes conocer desde el principio. Puedes probar cómo se venden tus productos en Amazon, así como enviar muchos de ellos a los centros de distribución porque no tienes que pagar nada por adelantado. Simplemente tienes que gastar en tus servicios que utilizas al final del mes o cuando realizas una venta.

¿Qué es exactamente la Cuenta central de vendedores de Amazon?

Este es el tipo de cuenta utilizada por comerciantes, marcas o vendedores para administrar y enumerar su inventario en Amazon.

¿Cómo abrir una cuenta central de vendedor de Amazon?

Debes establecer los siguientes pasos al abrir dicha cuenta:

- Selecciona los productos que deseas vender.
- Visita services.amazon.com o sellercentral.amazon.com y haz clic en "Vender" en la página principal de Amazon.
- Selecciona entre los planes de venta profesional e individual.
- Regístrate en la cuenta de vendedor de Amazon.
- Administra tu cuenta y enumera tus productos.

¿Cuáles son las tarifas involucradas al crear la cuenta central de vendedor de Amazon?

Al seleccionar el plan de venta, deberías poder ver fácilmente los precios de ambos planes. La cuenta individual cuesta $ 0.99, mientras que la profesional asciende a $ 39.99. Estas son tarifas mensuales y se te cobrará 30 días después del proceso de registro.

¿Es posible crear una cuenta central de vendedor de Amazon gratis?

Desafortunadamente, esta no es una opción en esta plataforma porque debes elegir entre una cuenta individual o profesional.

¿Qué debo hacer para cumplir con la política de devolución de Amazon?

Amazon te pedirá que proporciones los siguientes métodos para devoluciones:

- una dirección de retorno;
- un nivel de retorno prepago; y
- un reembolso completo sin pedir que se devuelva el producto.

¿Cómo reconocen los consumidores los productos de Fulfillment by Amazon en la plataforma?

Estos productos tienen el logotipo "Fulfillment by Amazon", que proporciona a los clientes la información que Amazon maneja el servicio de soporte, devoluciones, embalaje y entrega.

¿Cómo etiquetar productos individuales?

Cuando desees agregar tus listados en la plataforma, te enfrentarás a una decisión que puede influir en tener un mayor éxito en Amazon. Para ser precisos, debes seleccionar la opción de etiquetado, ya sea que desees enviar los productos utilizando códigos de barras EAN o UPC (estos productos se encuentran en la categoría Inventario combinado o Sin etiqueta), o etiquetar los productos correctamente (Inventario etiquetado) para ocultar el código de barras original por completo. El inventario combinado puede mezclarse con otros inventarios de diferentes comerciantes; es por eso que tus clientes pueden obtener productos de diferentes revendedores, que pueden o no tener las mismas características que los tuyos. Amazon no abrirá las casillas para verificar qué producto es el correcto y de qué comerciante proviene para garantizar la autenticidad de la mercancía. La opción sin etiqueta, por otro lado, solo se refiere a los productos, no a la entrega. Aunque puede ser un poco lento y complicado, es posible que debas etiquetar bien los artículos para proteger tu inventario y asegurarte de que tus clientes reciban lo que han pedido.

¿Cómo imprimir etiquetas para tus propios productos?

Cuando agregas nuevos productos (inventario) desde tu cuenta central de vendedor (deberás ingresar a "Inventory Amazon Fulfills" y luego "enviar/reponer inventario") o simplemente preparar un inventario, debes ingresar algo llamado "shipping workflow". Esto proporcionará orientación adicional sobre cómo preparar tu inventario para enviarlo a los almacenes de Amazon, lo que te brinda la opción de personalizar el envío teniendo en cuenta las selecciones que realices durante cada paso. En un momento, se te pedirá que elijas la opción de etiquetado y se te permita imprimir directamente las etiquetas de tu unidad desde el shipping workflow. Estas etiquetas incluirán detalles como el título del producto, que puede resultar muy útil cuando se trata de hacer coincidir la etiqueta con el producto correcto. Necesitas una impresora y papeles adhesivos en blanco para imprimir dichas etiquetas, que se pueden encontrar en el sitio web de Amazon o en cualquier tienda que venda suministros de oficina.

¿Existe la posibilidad de que Amazon agregue las etiquetas a tus productos?

Esta es una opción posible, especialmente cuando ingresas a la guía del shipping workflow. Simplemente debes seleccionar Amazon Label Service cuando se te solicite hacerlo en las opciones de etiquetado. Esta es una solución válida si encuentras que el proceso de etiqueta privada es demasiado complicado y requiere mucho tiempo.

¿Cómo empacar productos al enviarlos a Amazon?

Puedes encontrar dos tipos diferentes de productos de embalaje antes de enviarlos a los almacenes de Amazon.

Los productos embalados individualmente significan que cada caja contiene una o pocas unidades, dependiendo de las condiciones y cantidades.

Empacar artículos en una caja es una opción que le permitirá al comerciante colocar los productos con el mismo SKU y condición en una caja. Las cajas tendrán la misma cantidad y el mismo artículo en ellas. Cuando Amazon reciba estas cajas, solo escanearán un artículo de la caja y colocarán todo en tu inventario. Amazon no necesita escanear todos los elementos, dado que son todos iguales.

Cuando el revendedor envíe los productos a Amazon, solo se pueden enviar utilizando un tipo de embalaje por envío. Aunque se agregarán al inventario, si el comerciante ha empacado individualmente artículos y cajas con artículos empacados, deberá enviarlos por separado a Amazon.

¿Cómo elegir un método de envío y un transportista para enviar tu inventario a Amazon?

El punto de partida para crear un nuevo envío es la pestaña "Enviar/reponer inventario", que está presente en la sección "Inventory Amazon Fulfills" de tu cuenta. También es posible cuando tienes un inventario de trabajo en progreso y utilizas la herramienta "shipping workflow". Al utilizar este último, recibirás instrucciones paso a paso sobre cómo preparar tu mercancía para enviarla a Amazon, incluidos detalles sobre cómo personalizar tu envío de acuerdo con las selecciones que realices en cada paso. Uno de ellos te permitirá elegir entre los siguientes métodos de envío:

- Las entregas de paquetes pequeños (SPD) representan productos empaquetados y etiquetados individualmente (un producto por caja), todos preparados para ser enviados.
- Los envíos para la carga de camiones (LTL) son, de hecho, una entrega mixta porque contiene paletas y productos en cajas individuales. En este caso, algunos de los productos pueden enviarse a diferentes destinos o diferentes almacenes.
- Full Truckload (FTL) también combina paletas completas y productos embalados individualmente. La diferencia, sin embargo, es que toda la mercancía va a un almacén.

Los términos y condiciones de la FBA se aplican a todos los productos que envías y estás destinando a venderse en Amazon, independientemente del método de envío que selecciones. Puedes consultar más detalles relacionados con la forma en que la plataforma recibe y enruta tus productos si verificas estos términos y condiciones.

También puedes elegir un operador diferente, que no sea el proporcionado por Amazon. Los costos pueden ser más altos en este caso, pero si deseas seguir adelante con esta opción, deberás trabajar con un operador confiable que sea capaz de proporcionarte información valiosa, como un número de seguimiento válido para SPD, el pro/flete, número de factura para entregas FTL o LTL, y el conocimiento de embarque(BOL).

Cabe recalcar que no puedes enviar el inventario a Amazon utilizando un automóvil de propiedad privada. Solo puede hacerlo un transportista registrado.

¿Cómo crear las etiquetas de envío?

El shipping workflow es una secuencia y una herramienta donde simplemente puedes elegir el tipo de etiquetas que deseas tener (si las hay). Cuando selecciones Entrega de paquetes pequeños (SPD), se te pedirá que imprimas etiquetas de envío (solo una por caja) y albaranes. También deberás colocar el albarán dentro de la caja, en la parte superior, para que pueda verse inmediatamente después de abrirse en el almacén de Amazon. La información que debes incluir son las direcciones de destino y de retorno, mientras que la etiqueta debe colocarse justo fuera de la caja sellada como una adición a las etiquetas agregadas por el transportista.

Si selecciona Less-Than-Truckload, aún necesitas imprimir una etiqueta por cada caja, que debe colocarse fuera de ella para que se pueda ver al desenvolver el palet. En las paletas, las etiquetas deben colocarse en una posición central superior a cada lado (en la envoltura estirada).

Las etiquetas adhesivas se pueden encontrar en cualquier tienda de suministros de oficina o en Amazon.

¿Es posible organizar un envío de inventario directamente de un proveedor extranjero?

Esta no es una opción aceptable porque Amazon no se puede utilizar como dirección final, importador o consignatario al enviar productos desde el extranjero. En este caso, los comerciantes deberán hacer los arreglos necesarios para importar y despachar el envío de aduanas.

Solo después de hacer esto pueden enviar el inventario a los almacenes de Amazon.

¿Cómo notificar a Amazon por adelantado sobre los productos que les estoy enviando?

Tiene tres opciones para enviar los productos a Amazon: Small Parcel Delivery (SPD), Less-Than-Truckload (LTL) y Full Truckload (FTL). Para las dos últimas opciones, deberás concertar citas de entrega; de lo contrario, los centros de despacho pueden rechazar tu envío. Para concertar una cita de entrega con el almacén al que desea enviar el inventario, primero deberás descargar el formulario de reserva de Cumplimiento de Amazon, completarlo y enviarlo por correo electrónico al transportista. En este formulario, deberás colocar el código postal (puedes encontrarlo en la sección Cola de envío de tu cuenta). Una vez que el transportista haya recibido tu formulario, lo enviará al Centro de Cumplimiento de Amazon para programar el mejor momento de entrega. Por lo general, el almacén demora alrededor de 24 horas en responder al transportista con una confirmación del tiempo de entrega.

¿Qué tan seguros son los centros de distribución de Amazon?

No puedes imaginar mejores condiciones de almacenamiento para tu inventario que los centros de distribución de propiedad de Amazon. Son muy seguros y tienen la temperatura óptima para mantener tu mercancía segura y en perfectas condiciones. En muchos casos, las tareas de picking, embalaje y envío se realizan automáticamente, por lo que todas se procesan muy rápido.

Algunas de las características de estos establecimientos son personal de seguridad las 24 horas, los 7 días de la semana, seguimiento de pedidos totalmente automático e inalámbrico, unidades de almacenamiento con clima controlado y áreas seguras.

¿Cómo se manejan las retroalimentaciones de cualquier producto FBA vendido?

Dejar comentarios es una herramienta muy poderosa que los compradores usan en esta plataforma para hablar sobre un producto. Amazon no filtra los comentarios que deja ningún comprador en los pedidos de FBA, incluso si no está relacionado con la parte de cumplimiento del pedido.

En el caso de cumplimiento mal administrado causado por Amazon, que se refleja en los comentarios que deja el comprador, Amazon verificará si: 1) la plataforma cumple con el producto en cuestión; 2) la calificación de compra del comprador es entre 1 y 3; 3) el comprador confirmó que el producto es "Artículo como se describe"; y 4) el producto no llegó a tiempo (según el comprador).

¿Amazon se hace cargo de los reembolsos y devoluciones de los clientes por los productos de FBA?

Sí, pero esto solo es válido para productos vendidos en la plataforma. Amazon tiene su propia política cuando se trata de devoluciones, y todo está incluido en los Términos del Servicio FBA y los Términos del Servicio de Venta en Amazon. Simplemente pueden procesar reembolsos y devoluciones de acuerdo con esta política. Cualquier cliente interesado en devolver un artículo que haya comprado en Amazon puede consultar el Centro de soporte de devolución online donde puede encontrar los detalles de contacto del canal. Además, hay un Centro de devoluciones designado dirigido a todos los clientes que quieran devolver un producto. Si no se vendió en el marketplace de Amazon, el vendedor es el único responsable del proceso de reembolso y devolución.

¿Cuál es el procedimiento en caso de devoluciones?

Bueno, esto depende del mercado donde se vendió el producto. Si se compró en Amazon, y si establecen que el producto devuelto todavía se puede vender (es decir, debe tener la misma condición que antes de la venta), simplemente volverán a colocar el artículo en tu inventario y lo marcarán como disponible en venta. Si la mercancía no está en su estado original, Amazon no la volverá a poner a la venta, y el producto aparecerá como "insatisfactorio" en tu cuenta. En este punto, tiene 90 días para informarle a Amazon si deseas que te devuelvan el producto o si simplemente deseas que se elimine. Si no lo comunicas, Amazon simplemente te devolverá el producto.

En el caso de que un producto se venda en una plataforma diferente, pero Amazon lo recibe, simplemente te enviará el producto directamente.

¿Cómo encontrar los productos que han sido devueltos a Amazon y reembolsados al cliente?

Cuando utilizas el FBA con tu cuenta de cuenta central de vendedor de Amazon, puedes descubrir una sección de informes desde la que puedes descargar el informe con las devoluciones solicitadas por tus clientes.

Si tienes curiosidad sobre los reembolsos procesados a tus clientes, deberás verificar las secciones de pagos de tu cuenta.

¿Puedes considerar a Amazon como un motor de búsqueda?

Como resultado, esta plataforma también actúa como un motor de búsqueda. Hay muchas situaciones en las que los clientes de este mercado tienen la opción de comparar precios y encontrar artículos que quieran comprar. Con Alexa, por ejemplo, los compradores tienen la opción de usar la búsqueda por voz en lugar de escribir la consulta. Además, la plataforma también se puede utilizar para descubrir nuevos productos qué se venden online.

¿Se actualiza regularmente el algoritmo de búsqueda de Amazon?

Nadie fuera de Amazon sabe con certeza con qué frecuencia cambia el algoritmo de búsqueda en esta plataforma. Afortunadamente para todos los vendedores que venden aquí, el algoritmo actual es bastante estable, por lo que puedes optimizar tu contenido incluso si el sistema realmente no cambia.

¿Qué significa Amazon SERP?

Cada vez que buscas productos en esta plataforma, puedes escribir algunas palabras claves, y la misma actúa como un motor de búsqueda y muestra una lista de resultados. SERP es el término utilizado para estos resultados porque literalmente significa la página de resultados del motor de búsqueda.

Conclusión

Amazon es quizás el mercado más competitivo del planeta. Es un lugar donde más de 2,000,000 de comerciantes luchan contra más de 400,000,000 de clientes. La competencia es extremadamente feroz, teniendo en cuenta que deben enfrentarse entre sí y con la plataforma misma. Sin embargo, hay muchos revendedores que son una prueba viviente del éxito que han logrado en este canal. La mayoría de ellos están utilizando un servicio muy interesante provisto en esta plataforma llamada Fulfillment by Amazon. Como se discutió repetidamente en varios capítulos de este libro, este servicio le permite al vendedor usar la infraestructura de Amazon (almacén y mercado) para vender y almacenar su mercancía. La plataforma favorece a los usuarios de este servicio debido a dos razones diferentes. La primera es ganar dinero (obviamente). La segunda es ayudar a otros vendedores a tener estándares de entrega estelares. Después de todo, los compradores de Amazon merecen ese nivel de estándares cuando se trata de entrega y servicio al cliente. Algunos de los principales beneficios proporcionados por la opción FBA incluyen:

1)Elegibilidad para entrega gratuita para los miembros Prime

En muchos casos, los productos del FBA están asociados con el logotipo Prime, que envía un mensaje contundente al comprador: el producto se puede enviar de forma gratuita dentro de las primeras 48 horas, y hay beneficios que vienen con esta suscripción. Solo en los Estados Unidos, hay más de 100,000,000 miembros Prime; es por eso que son conocidos como los grandes gastadores y compradores leales de Amazon. Los productos del FBA están expuestos a este grupo, que ofrece al vendedor de FBA una gran ventaja sobre los demás.

2)Cupones de Amazon y envío gratis

Es evidente que Amazon ofrece envío gratuito para productos superiores a $25 (independientemente de si el comprador es miembro Prime o no). Sin embargo, la verdad es que la mayoría de los productos de FBA ya están en esta categoría. También es lo mismo cuando se trata de los cupones de Amazon, en cuyo caso los productos FBA califican automáticamente. Son, por definición, productos elegibles y, como se menciona en la descripción del envío gratuito, este servicio es aplicable para ellos.

3)Mejores rankings

El FBA es un criterio que el algoritmo A9 de Amazon tiene en cuenta. Esto significa que dichos productos se ven favorecidos al enumerar los resultados, así como a obtener mejores clasificaciones y más ventas. Cada vez que Amazon muestra resultados para un término de búsqueda, las dos primeras páginas son las únicas con productos FBA. Es posible que el resto de las páginas ni siquiera sean importantes para el comprador promedio en esta plataforma.

4)Posibilidades serias de obtener la Buy Box

La opción de la Buy Box es la que todo vendedor sueña con conseguir porque promete la mejor ubicación en Amazon. Esta función permite ventas más fáciles de un producto específico. Los productos FBA tienen la máxima prioridad en este caso.

5)Con la confianza de Amazon

No hay mejor certificado para un vendedor en la plataforma de Amazon que su sello de aprobación. Es como un certificado de excelencia, una prueba de que este comerciante vende productos de la mejor calidad y cuida especialmente a sus clientes.

Cuando se trata de envíos, el FBA es la mejor opción si vendes masivamente en Amazon o es tu principal canal de venta. La compañía pone su experiencia sobre la mesa, ya que el vendedor que usa FBA se beneficiará de los servicios de transportistas con descuento, así como del servicio profesional de atención al cliente relacionado con el seguimiento del producto o las devoluciones. Así es como puedes beneficiarte de los servicios de primer nivel proporcionados por Amazon. Sin embargo, antes de apresurarte a inscribirte en FBA, primero debes conocer los costos porque este servicio no es gratuito. Hay costos de cumplimiento, tarifas de almacenamiento (dependiendo del período de almacenamiento de tu inventario en el almacén de Amazon), junto con el monto que debes pagar por cada venta. Sin mencionar que, para tener éxito y estar al menos un paso por delante de tus competidores, debes considerar seriamente la publicidad pagada como una opción para aumentar la clasificación y las ventas (conversiones).

El abastecimiento de productos es muy importante cuando tienes que mantenerte competitivo, considerando la necesidad de encontrar un proveedor que pueda ofrecer productos de alta calidad y precios razonables. Puedes tener una idea vaga del margen de beneficio cuando conoces el precio estimado por el cual venderás tus productos. Si tienes una mercancía que sabes que se venderá y no es vendida por muchos, puedes hacer los cálculos (estimar todos los costos) y decidir si vale la pena seguir adelante con el FBA.

Si decides embarcarte en el viaje para ganar toneladas de dinero vendiendo en Amazon, entonces el FBA es definitivamente la opción correcta que debes seleccionar. Sin embargo, no puedes esperar obtener altas ventas si tu contenido es deficiente. Deberás optimizarlo, usar palabras claves de forma natural, estructurar muy bien la descripción del producto e incluir las características claves del producto. Además, asegúrate de usar imágenes de alta calidad antes de lanzar tu mercancía. Una vez que tengas la primera venta, ya notarás que tu rango está mejorando significativamente, pero también debes prestar atención a las resenas para obtener la mayor cantidad posible de ellas y tenerlas en cuenta para mejorar la calidad de tus productos o servicios prestados. Las resenas son las declaraciones más influyentes para cualquier consumidor, ya que pueden convertir una vista simple en ventas. Todos están en Amazon para vender; por lo tanto, cuanto más vendas, mejor. Este debería ser el objetivo principal de cualquier vendedor.

Si tomas en cuenta todo lo anterior, tus posibilidades de éxito aumentarán significativamente. Aunque este es un entorno muy competitivo, no hay mejor lugar para vender productos que Amazon. Este es el lugar para estar. Necesitarás habilidades para implementar cada idea mencionada en los capítulos anteriores, pero realmente no es una pena pedir consejo a los profesionales, especialmente si pueden ayudarte a lograr tus objetivos principales. Un gran volumen de ventas está a tu alcance, y solo depende de ti decidir cuánto quieres vender y qué tan visible quieres ser para tus clientes potenciales. Lo único que queda por decir es: ¡Buena suerte!

Referencias

Publicidad en Amazon. (Dakota del Norte). Recuperado de https://advertising.amazon.com/

Agrietado. (2016) Me pagan por escribir críticas falsas para Amazon. Recuperado de https://www.cracked.com/personal-experiences-2376-i-get-paid-to-write-fake-reviews-amazon.html

Reisinger, D. (2019). Amazon Prime tiene 100 millones de miembros estadounidenses. Recuperado de http://fortune.com/2019/01/17/amazon-prime-subscribers/

Robischon, N. (2017) Por qué Amazon es la empresa más innovadora del mundo de 2017. Recuperado de https://www.fastcompany.com/3067455/why-amazon-is-the-worlds-most-innovative-company-of-2017

Smith, C. (2019). 150 sorprendentes estadísticas y hechos de Amazon (2019) | Por los números. Recuperado de expandidoramblings.com/index.php/amazon-statistics/

Stim, R. (nd). Qué derechos otorga la doctrina de la primera venta al comprador de una obra con derechos de autor. Recuperado de https://www.nolo.com/legal-encyclopedia/the-first-sale-doctrine.html

Oficina de Patentes y Marcas de Estados Unidos. (Dakota del Norte). Conceptos básicos de marcas registradas. Recuperado de https://www.uspto.gov/trademarks-getting-started/trademark-basics

Waber, A. (2018) 4 formas en que las marcas pueden ganar el estante digital en 2018. Recuperado de https://marketingland.com/4-ways-brands-can-win-the-digital-shelf-in-2018-236906

Wallace, T., Goldwin, C. y col. (2019). La guía definitiva para vender en Amazon. BigCommerce (p. 68, 74, 78, 92, 119, 122, 179, 187).

[1] Wallace, T., Goldwin, C. y col.(2019). La guía definitiva para vender en Amazon. BigCommerce (p. 122)

[2] Smith, C. (2019). 150 sorprendentes estadísticas y hechos de Amazon (2019) | Por los números. Recuperado de expandidoramblings.com/index.php/amazon-statistics/

[3] Reisinger, D. (2019). Amazon Prime tiene 100 millones de miembros estadounidenses. Recuperado de http://fortune.com/2019/01/17/amazon-prime-subscribers/

[1] Stim, R. (nd).Qué derechos otorga la doctrina de la primera venta al comprador de una obra con derechos de autor. Recuperado de https://www.nolo.com/legal-encyclopedia/the-first-sale-doctrine.html

[2] Oficina de Patentes y Marcas de los Estados Unidos. (Dakota del Norte).Conceptos básicos de marcas registradas. Recuperado de https://www.uspto.gov/trademarks-getting-started/trademark-basics

[3] Robischon, N. (2017) Por qué Amazon es la empresa más innovadora del mundo de 2017. Recuperado de https://www.fastcompany.com/3067455/why-amazon-is-the-worlds-most-innovative-company-of-2017

[4] Publicidad de Amazon. (Dakota del Norte).Recuperado de https://advertising.amazon.com/

[5] Waber, A. (2018) 4 formas en que las marcas pueden ganar el estante digital en 2018. Recuperado de https://marketingland.com/4-ways-brands-can-win-the-digital-shelf-in-2018-236906

[6] Agrietado.(2016) Me pagan por escribir críticas falsas para Amazon. Recuperado de https://www.cracked.com/personal-experiences-2376-i-get-paid-to-write-fake-reviews-amazon.html

[7] Wallace, T., Goldwin, C., Thomson y col.(2019). La guía definitiva para vender en Amazon. BigCommerce (p. 179).

[8] Wallace, T., Goldwin, C., Thomson, J., y col.(2019). La guía definitiva para vender en Amazon. BigCommerce (p. 187)

[9] Wallace, T., Goldwin, C., Thomson, J., y col.(2019). La guía definitiva para vender en Amazon. BigCommerce (p. 92)

[10] Wallace, T., Goldwin, C., Thomson, J., y col.(2019). La guía definitiva para vender en Amazon. BigCommerce (p. 68)

[11] Wallace, T., Goldwin, C., Thomson, J., y col.(2019). La guía definitiva para vender en Amazon. BigCommerce (p. 74)

[12] Wallace, T., Goldwin, C., Thomson, J., y col.(2019). La guía definitiva para vender en Amazon. BigCommerce (p. 78)

[1] Wallace, T., Goldwin, C., Thomson, J., y col.(2019). La guía definitiva para vender en Amazon. BigCommerce (p. 119)

Milton Keynes UK
Ingram Content Group UK Ltd.
UKHW021812010124
435297UK00016B/976

9 781951 595890